JN121428

昭和の名人この一席

稲田和浩
Kazuhiro Inada

教育評論社

昭和の名人この一席

まえがき

五代目古今亭志ん生、八代目桂文楽、六代目三遊亭圓生ら、昭和20年代後半から40年代に、円熟した話芸を聞かせた名人たちがいた。俗に「昭和の名人」などと呼ばれている。

昭和の名人たちの落語は、昭和30年代から世に出たLPレコードで発売され、それらの音源がカセットテープ、CD、ネット配信と形は変わるが（画像はビデオ、DVD、ネットなど）、現在でも聞くことが出来、往時を偲ぶことも可能である。

それはノスタルジーという意味ではない。また、昔の名人が今の落語家よりも面白いとか、うまいとか、そういう理由で聞くべきだ、と言っているわけでもない。

むしろ、技量に関して言えば、昭和の名人より、今の落語家のほうがうまいかもしれない。今の落語家は前出の名人の芸を画像などで研究することも出来るし、他のさまざまな情報も吸収できる。映画や演劇、小説から人物の表現方法なども学ぶことも出来る。面白いという点で言えば、共感の笑いや、落語家の感性が噺に活き、より深く噺を構築し、表現できるから、観客は充実した高座を楽しむことが出来る。

では何故、昭和の名人が貴重なのか。

昭和30年頃まで、私たちの生活には江戸が残っていた。

残ってないよ、と言う人がいるかもしれないが、[注1]少なくとも江戸の雰囲気は残っていた。江戸と言うと語弊があるなら、落語の舞台の雰囲気が残っていた。八つぁん、熊さんみたいな人たちが近所にいた。サラリーマンじゃない、落語に出て来るような職人や小商人が普通の職業だった。

江戸のそれとは違うが吉原があった。夕方になれば、豆腐屋とか、もの売りが来た。これを言ってはいけないのかもしれないが、町内に一人くらい与太郎[注2]がいた。

昭和の名人たちの描く落語は、江戸の話ではなく日常の話だった。落語の世界を実体験として語っているのが昭和の名人なら、その肌感覚は聞いておきたい。

昭和は1925〜89年。一言で「昭和」で括ってよいのか。昭和は、戦争もあり、戦前、戦後では価値観も変わり、戦後復興、高度経済成長から、バブルの手前まで、いろんな時代を経験した。

メディアで言えば、大正15年にラジオ放送がはじまり、昭和26年にラジオの民間放送、28年からテレビ放送がはじまる。オリンピックなどでテレビが普及するのは昭和30年代。昭和50年にベータのビデオデッキが発売され、家庭用ビデオが普及。昭和の終わり頃には、インターネット（当時はパソコン通信）や携帯電話（当時は移動電話）も出はじめた。

ラジオの民間放送開始の頃、民間放送はスポンサーからの広告料で運営しなくてはならない。そうしたシステムがまだ出来ていない時代のラジオ局は低予算で聴取者に受ける番組作りを模索、その時に、注目したのが落語だ。何せ予算は落語家一人の出演料だけでいいし、戦前からNHKで放送はしているからノウハウもわかっている。そして、何より面白い。落語番組がラジオ放送の目玉になることはわかったが、そうなると放送局はそれぞれ独自のカラーを出したい。聴取者の耳を向けるためには他局よりも面白い番組を作らなければならない。そこで行ったのが、落語家の専属制だ。東京放送（TBS）は、八代目桂文楽、五代目古今亭志ん生（のちにニッポン放送に移籍）、六代目三遊亭圓生らと、文化放送は八代目三笑亭可楽らと専属契約を結んだ。ラジオの落語は人気を呼び、落語は全国に広がった。

名人たちが活躍する一方で、戦後すぐに入門した、桂米丸、三代目三遊亭圓歌（当時・歌奴）、林家三平、春風亭柳昇、四代目春風亭柳好、四代目柳家小せん、五代目春風亭柳朝ら当時の若手たちもバラエティ系番組の司会や大喜利番組で人気が出、古典落語だけでなく、新作落語で活躍する者も多くいた。彼らは昭和30年代前半に真打となり、その後の落語界を牽引する。

一方、昭和30年以降、都市景観、人々のライフスタイルが変化した。職人や小商人よりサラリーマンが多くなり、長屋が団地になり、新幹線が走り、電話や家電製品も充実し、吉原がなくなり。何より、人々が着物の生活から洋服に変わった。その前から洋服の人は多かったが、漫画の「サザエさん」を見てわかる通り、家に帰ると着物に着替える人は多かった。どういうことかと言うと、それ以前の名人たちが日常のこととして描いていた落語が日常ではない、過去の話になっていったのだ。

落語は大きな転換を迎える。過去の物語を「古典落語」として語るか、サラリーマンや主婦を主人公にした「新作落語」で現代を語り続けるのか。

メディアとの関係も変化してゆく。テレビの登場だ。落語はどうしても15~30分くらいは一席に時間を要する。ラジオの時代はよかったが、テレビで一人の落語家をただ30分映していることが辛くなってくる。また、コマーシャルを入れないと民放テレビは成り立たない。落語はだんだんメディアから遠のいてゆくことになる。

そこに歯止めを掛けようとしたのは、立川談志（たてかわだんし）や五代目柳家（やなぎや）つばめらである。談志は今も続いているテレビ番組「笑点」などで、大喜利のビジュアル化に成功した。つばめは時事ネタの新作落語に道を開こうとしたが、若くして亡くなった。

平成13年に古今亭志ん朝（ここんていしちょう）が、14年に五代目小（こ）さんが亡くなった。小さんは昭和の名人世代の最後の一人、志ん朝は昭和の名人の芸を残す代表的な人気落語家だった。志ん朝、小さんの死を「落語の終焉」と言った評論家もいたが、終焉ではなかった。その後、平成の落語ブームが訪れ、いまや落語家の数は８００人を越えた。数で言えば、落語史上最高の活況を迎えている。

しかし、「落語の終焉」というのもあながち間違ってはいない、と私は思うこともある。志ん朝や小さん、談志の薫陶を受けた落語家はまだ多くいるが、古典落語の世界を肌で知る落語家は、もはやほとんどいない。そういう意味では、昭和以前の落語は終焉し、昭和とはまた違う、平成・令和の落語が現代のエンターテインメントとして語られているとも言えなくはない。

本書は、いわゆる昭和の名人と言われた、志ん生、文楽、圓生、金馬（きんば）、可楽らに、彼らと同時代を生きた名人たち、さらには昭和30年代以降の落語界を牽引した、圓歌、三平、柳昇、談志、志ん朝ら、戦後上方落語を復興に導いた、松鶴（しょかく）、米朝（べいちょう）、春團治（はるだんじ）、文枝（ぶんし）らについて、彼ら名人芸の一席を通じて、落語とその時代を語るものである。

この一席という思い入れは、個人個人で違うかもしれない。あくまでも私のこの一席なのでご了承いただきたい。ちなみに昭和35年生まれの筆者は、昭和の名人でも実際に聞いていない人が多い。だが、それが言ったように、LPレコードやラジオの録音が残っていることで、それなりの思い入れがある。また、子供心に聞いた記憶を辿ったりもしている。落語の面白さの一端、そして、昭和の中に見る江戸の風景や、昭和という時代の景色が伝えられれば、幸いである。

注1：昭和30年代まで江戸説は、10年くらい前に雑誌などで言われた説で、それは何か資料に基づいたものではなく、なんの根拠はない、と否定する人は多い。

注2：知能に問題があり就労出来ない大人。親兄弟が面倒見ながらも、普通に生活していた。

◉もくじ

第3章

落語黄金時代の若手たち……121

第4章

メディア時代の落語家たち……173

第5章

上方落語の復興……219

第6章 おしまれつつ死んだ昭和からの名人……245

装丁＝花村 広

第1章

大正から昭和初期の落語

大正時代の落語界は低迷期にあった。活動写真、近代演劇、浪花節（浪曲）など、新興の芸能の人気が出てくると、江戸の洒脱や粋を描く落語からは人々が離れてゆく。

第一次世界大戦（1914〜18）で世の中の景気がよくなったようにも見えたが、景気がいいのは一部の金持ちだけで、花柳界には金が落ちた。人気落語家たちもお座敷に呼ばれたりして潤っていたが、お座敷に呼ばれた人気落語家は寄席を休む。人気落語家が寄席に出ないのだから、ますます寄席からはお客が遠のく。とんでもない悪循環の中、落語家たちは離合集散を繰り返す。低迷するから、揉めるんだ。

さらには大正12年、関東大震災で寄席は大打撃を受ける。多くの寄席も倒壊、家を失ったり生活に困窮し、廃業したり、旅に出る芸人も多くいた。震災で荒廃した気分から娯楽を求めて詰め掛けた客も、すぐまた遠のいてしまい、復興した寄席の中には、早々に映画館などに転業するところもあった。

不況に喘ぐ落語界だが、時代の空気を取り入れた落語で人気を得た者もいた。初代柳家三語楼[注1]は落語の中に英語をおりまぜたりしたモダンな語り口でおおいに人気を得た。大正15年、三語楼は落語協会を結成し、落語界の一方の派閥を形成した。

三語楼門下から出た逸材が柳家金語楼。少年落語で人気だった金語楼は、大正11年、新作落語「落語家の兵隊」でスターになった。金語楼は他にも数多くの新作を作り口演、昭和5年、金語楼は六代目春風亭柳橋らとともに日本芸術協会を結成した。現在の公益社団法人落語芸術協会である。

他に三語楼門下では、初代柳家権太楼[注2]は師ゆずりのナンセンスネタで、七代目林家正蔵[注3]は時事ネタで人気を呼んだ。七代目正蔵は初代林家三平の父である。また、この頃、一時三語楼門下だった五代目古今亭志ん生も三語楼の影響を受けたといわれている。

昭和になり、ラジオで人気を呼んだのは、三代目三遊亭金馬(さんゆうていきんば)だ。金馬の「居酒屋」での小僧の言い立ては大人気で、当時の子供たちがラジオにしがみついて、この言い立てを覚えたという。

注1：落語家。大正時代に、英語を入れたり、奇抜なフレーズを活かしたりしたモダンな落語で人気。大正15年に三語楼協会を設立。明治8～昭和13。
注2：落語家。初代三語楼門下。モダンな落語で人気。「猫と金魚」(作・田河水泡)が十八番。明治30～昭和30。
注3：落語家。初代三語楼門下。時事ネタを得意とし人気。十八番は「源平盛衰記」「反対俥」など。初代林家三平の父。明治27～昭和24。

Rakugo Master Number 01

柳家金語楼「落語家の兵隊」

明治34（1901）年2月28日～昭和47（1972）年10月22日

東京・芝に生まれる。父は二代目三遊亭金馬一座の三遊亭金勝。6歳で少年落語家、三遊亭金登喜でデビュー。三遊亭小金馬で二ツ目。三代目柳家小さん門下となり、柳家金三で真打となる。兵役を経て、落語家に復帰後、新作落語「落語家の兵隊」で人気者となる。初代柳家三語楼門下となり、大正13年、柳家金語楼となる。昭和5年、六代目春風亭柳橋らとともに、日本芸術協会結成、自作の新作落語で活躍。500席以上の作品があると言われている。13年、吉本興業に所属し、戦地慰問の「わらわし隊」に参加。15年、金語楼劇団結成。17年、落語家の鑑札を返上し、喜劇俳優となる。以後、多くの映画に主演し、エノケン、ロッパと並ぶ、三大喜劇王と呼ばれる。28年、NHK「ジェスチャー」にレギュラー出演、テレビタレントとしても活躍。番組収録中に倒れ亡くなった。死因は胃癌。

子供の頃、「ジェスチャー」などのテレビ番組で、金語楼を見たことがある。その頃は、俳優であり、テレビタレントだったのだが、「柳家金語楼」という名前から、落語家であるという認識が子供心にあった。禿頭で顔をくしゃくしゃにしたり、面白いことを言ったりやったりする。「落語家は面白いことをやる人」というイメージを私の心に刻み付けたのは金語楼だったかもしれない。

　今の若い人は、「落語家は面白いことをやる人」というイメージはないだろう。落語自体を知らない？　それでもたまに、落語の番組があったり、バラエティや情報番組に出演する落語家もいたりするから、知らないということもあるまい。だが、たいていは着物を着て、たいして面白いことは言わない。たまに気の利いたことや、洒落なんかを言う落語家はいても、面白い顔をするといった道化的な笑いを取る落語家は滅多にいない。滑稽を演じる古典芸能みたいな知識は一般の人にもあるだろうから、現代の落語家は狂言師とあまり変わらない位置付けにいるのかもしれない。

　昭和30年代は違った。金語楼がいて、林家三平、月の家圓鏡、面白い落語家がたくさんいた。もちろん、三遊亭圓生のような名人もいたけれど、名人がちょっとおどけて、「馬鹿旨」（「たいへん旨い」の意味。六代目三遊亭圓生の落語の中で度々登場するフレーズ。昭和50年頃、豆腐のCMに圓生が出演、「馬鹿旨」と言いプチ流行語となった。）なんてやると、馬鹿なおかしさだった。

金語楼は少年落語で売れて、幼い頃からスターだった。それでも当時の男子は兵役があった。軍隊から戻り、作った新作落語が「**落語家の兵隊**」。

「下士官の傍へ行くと×××臭い、伍長勤務は生意気だ、粋な上等兵は金がない、可愛い新兵さんにゃ暇がない……」なんて歌っている新兵が上官に呼び止められる。

「貴様、官姓名を名乗れ！」「自分は陸軍歩兵二等兵、山下敬太郎であります」と言えばいいのを、緊張して、なかなか「山下敬太郎」と言えない。

「貴様、歯をくいしばれ」「ビンタは簡便であります」。

軍隊というのは、ぐずぐずしていると上官のビンタが飛ぶ。それが当たり前だった時代であり、当時の男性は皆、この理不尽をくぐってきたから、共感の笑いが起こる。

今聞いてもそんなに面白くないかもしれないが、これが受けたのは、金語楼に共感できる辛い経験を経た人たちが、辛い中にも間抜けで陽気な山下敬太郎二等兵の言動にホッとするからなのだろう。

当時はSPレコードの時代で、新兵と上官の3分くらいのやりとりが大ヒットし、金語楼を大スターにした。

厳しい上官にビンタの制裁、それを批判しているわけではない。その時代はそういう時代だった。だからと言って、肯定もしていない。嫌なものは嫌なのだ。でも甘んじて受けねばならない。それが常識だった時代である。

これが大正11年頃の作品であるが、昭和になり、国際情勢の変化に伴い、牧歌的な軍隊生活を描いた「**落語家の兵隊**」は憲兵の検閲を受け、改作を命じられる。軍隊賛美の文言が入るようになる。そして、とうとう金語楼は嫌気がさしたのか、落語家を廃業し俳優に転進する。

金語楼は、有崎勉（ありさきつとむ）のペンネームで多くの新作落語をこしらえている。アットホームな家庭落語もあるが、私が好きなのはナンセンスが突き抜けたネタだ。水道をひねったら酒が出て老若男女が皆、酔っ払っちゃう「**酒（さけ）は乱（みだ）れ飛（と）ぶ**」だとか、毎日納豆を食べ続け、体から糸を引く病気になって藁にくるまって寝ている「**納豆屋（なっとうや）**」とか。この意志が、昭和5年に金語楼らが結成した日本芸術協会、現在の公益社団法人落語芸術協会に受け継がれている。そんな不思議なネタのいくつかは落語芸術協会が出演する寄席に行くと時々聞くことが出来たりもする。

「**落語家の兵隊**」は過去の話であり、金語楼の体験落語だから、他の人は口演し難いし、聞く側に共感がなければ受けない。そういう落語も、昭和には存在していた。

Rakugo Master Number 02

六代目 春風亭柳橋「小言幸兵衛」

明治32(1899)年10月15日~昭和54(1979)年5月16日
東京・本郷区で生まれる。染物屋の次男。四代目春風亭柳枝に入門し、9歳で春風亭柳童を名乗り、少年落語家として初舞台。大正4年、二つ目となり、五代目春風亭枝雀。6年、真打昇進し、七代目春風亭伯枝。春風亭小柳枝を経て、15年、六代目春風亭柳橋を襲名。昭和5年、柳家金語楼とともに、日本芸術協会結成、以後、44年間、会長を務める。戦後、NHKラジオ「とんち教室」にレギュラー出演し、茶の間の人気者となる。

長い眉毛のおじいさん、テレビで見た柳橋にはそんなイメージがあった。テレビで何度か見た。「**こんにゃく問答**」、実はこんにゃく屋の親分だけど、大和尚（和尚の頭。）の貫禄があった。「**こんにゃく問答**」って話の大和尚は、今でも柳橋のイメージが強い。他にも「**青菜**」「**天災**」なんかをやっていた。

若い頃から売れていたそうだ。昭和5年に金語楼と一緒に日本芸術協会を結成し、会長職を44年間務めた。戦前は、「**うどん屋**」を「**支那そば屋**」、「**掛取り万歳**」を「**掛取り早慶戦**」に改作して演じていたそうだ。

戦後はNHKラジオ「とんち教室」にレギュラー出演していた。「とんち教室」は昭和24〜43年まで19年間放送されたNHKのバラエティ番組。青木一雄注1アナウンサーが「とんち教室」の先生で、レギュラー出演者は、玉川一郎注2、大辻司郎注3らで、万年落第生と呼ばれた。柳橋もそのうちの一人。24年はまだ放送局がNHKしかなかった時代で、その時代の番組にレギュラー出演することは、人気の意味での効果は絶大なものがあった。柳橋は大看板で、さらには「とんち教室」で全国的な人気者であった。

柳橋のこの一席は、「**小言幸兵衛**」。

小言ばかり言っている大家の幸兵衛。これも柳橋のイメージにぴったりだ。こういうおじいさんにネチネチ小言を言われたら、嫌だなぁ、という感じが滲み出ている。

落語の大家はよく住人に小言を言う。江戸時代の大家は行政機関の末端を担っていた。人別という戸籍の管理や、事件が起こった時の通報なども大家の仕事だった。住人の生活のさまざまな面倒を見た。独身者には嫁を世話し、病気の者は見舞い、仕事がないものには職業の斡旋までもした。犯罪が起こらぬよう見まわるのも大家の仕事である。だから、住民のちょっとしたことが気になり、小言を言う。それが極端に描かれたのが幸兵衛だ。

落語の大家は、設定が昭和であっても、心情的には江戸の大家として描かれるのである。

長屋を一まわり小言を言って歩いた幸兵衛、家に戻ると、家作の空き家を借りに来る人がやって来る。最初の男は豆腐屋だという。幸兵衛は女房に「近所に豆腐屋はないか」と聞く。ないと聞き、ならば「貸してやってもいい」と言う。近所にもし同業者がいたら、競合して共倒れになるかもしれないからだ。幸兵衛に「自由競争」などという頭はない。豆腐屋なんていうのは町内に一軒で十分なのだ。だが、この豆腐屋、長年連れ添った女房がいるのに子供がいないと聞いた幸兵衛、「そんな女房とは別れろ」と言い出す。「子なき三年は離縁」、昔の人のモラルなんだろう。酷い大家だなぁと思うと、それを豆腐屋が否定してくれる。惚れて一緒になった女房と別れろとはなんだ、と豆腐屋が怒って啖呵を切って帰るから、落語は痛快だ。

次に来るのは仕立て屋。万事如才のない男だが、この男に美男子で年頃の息子がいると聞き、幸兵衛の態度が変わる。近所の古着屋の娘が年頃で、この二人に間違いがあってはいけないから、家は貸せないと言う。

そして二人の心中を芝居仕立てで妄想する。このへんが落語の面白いところだ。「覚悟はよいか、南無阿弥陀仏」と心中するところ、仕立て屋が法華で、古着屋が真言宗だから、「南無妙法蓮華経」や「オンアボギャー」じゃ心中にならない、というのが落語の展開だが、柳橋は一方の宗旨がキリストで賛美歌を歌い出す。賛美歌を歌って心中する奴はいない。このあたりが、「**掛取り早慶戦**（かけとりそうけいせん）」を手掛けた若き日の工夫であろう。おじいさんが歌う賛美歌はなんともアナクロでおかしい。

注1：NHKラジオ「とんち教室」、テレビ「ジェスチャー」「連想ゲーム」などの司会で、芸能担当アナウンサーとして活躍。大正6～平成13。

注2：ユーモア作家。新作落語やコントを執筆、フランス語の翻訳家としても活動。NHKラジオ「とんち教室」のレギュラー「落語漫才作家長屋」の大家を務める。明治38～昭和53。

注3：活動弁士、漫談家。映画のトーキーで失業後、漫談家の道を切り開く。古川緑破らと「笑いの王国」を結成し活躍。飛行機事故で亡くなる。明治29～昭和27。

Rakugo Master Number 03+

三代目 三遊亭金馬「居酒屋」

明治27（1894）年10月25日～昭和39（1964）年11月8日

東京本所に生まれる。はじめ講釈師になるが、笑いの才能が輝き、落語家に転進。大正2年、初代三遊亭圓歌に入門し、三遊亭歌当。4年、二ツ目で、二代目三遊亭歌笑。圓洲と改名し、9年真打となる。15年、三代目三遊亭金馬を襲名、ニットーレコード専属となり、落語のレコードとラジオで全国的に人気となる。昭和9年、東宝の専属となり、以後、一般の寄席には独演会などの助演以外では出ず、東宝名人会や東宝系の寄席のみに出演する。

金馬の釣り好きは有名で、正月の忙しい中でも初席は務めるが中席は休席しワカサギ釣りに行っていたという。

肝硬変で死去。

七十代以上の落語ファンの方に「どうして落語を好きになったんですか」と聞くと、「子供の頃、ラジオで金馬の『**居酒屋**（いざかや）』を聞いたからだ」と言う。

そして、調子のいい人になると、「できますものは、つゆ、はしら、鱈、昆布、アンコウのようなもの、鰤にお芋に酢蛸でございます。へーい」と口上をやってくれたりする。

なんでそんなのを覚えているの？

当時の子供たちは、金馬の「**居酒屋**」の小僧の口上をやりたくて、ラジオにしがみついて覚えた。しがみついたからって、覚えられるもんじゃない。レコードはもちろん、子供向けの速記本も出ていた。だが、レコードや本なんて買えるのは金持ちの子供だけだ。でも、なんとかして覚えたんだろう。今だって、お笑い芸人のギャグや、漫画の名科白なんか、覚えてやる子供がいるように、当時、昭和のはじめの人気は、金馬の「**居酒屋**」の口上だった。子供は案外、面白いと思ったフレーズは一度聞いて覚えてしまうものなのかもしれない。

金馬はとにかく面白い。わかりやすい口調で丁寧に聞かせてゆくのが特長。声の調子、そして、言葉の緩急、聞かせどころを誇張する絶妙の間は、思わず笑ってしまう。

「**居酒屋**」は醤油樽が椅子代わりに並べてあるような居酒屋。酌婦なんていない。小僧が一人、注文をとったり酒肴を運んだりしている。そんな小僧をからかいながら男が酒を飲む、ただそれだけの話である。
「宮下へお掛けください」、大神宮の下の席だから、「宮下」。「上一升」、一合の酒を一升と無意味に景気をつけたりする。「酌をしろ」と言えば、「混みあっておりますからお手酌で……」。客なんか他に誰もいない。この小僧のマニュアル対応には腹が立つ。こいつは、ちょっとからかってやろうと思いたくなる客の気持ちがよくわかる。

小僧の口上以外にも、いろんな面白いフレーズで満載なのが、金馬の落語だ。

「**居酒屋**」は金馬の創作に近い。「**ずっこけ**」という酔っ払いの噺の前半になる。当人は、創作とは言っていない。クスグリ（笑いどころ。）の多くは「**万病円**（まんびょうえん）」から持ってきたそうだが、それが長くなって「**居酒屋**」という一席に独立した（金馬『浮世断語』）という。

「**居酒屋**」以外でも金馬の噺は面白い。「**勉強**（べんきょう）」は無筆の父親と、学校へ行っていろいろ知っている子供とのたわいもない会話。「青森県の名産は」「青森は林檎だ」。父親の単純な解答だけで笑いがこみあげる。他にも、「**茶の湯**（ちゃのゆ）」「**うそつき村**（むら）」「**金明竹**（きんめいちく）」「**高田馬場**（たかだのばば）」「**目黒の秋刀魚**（めぐろのさんま）」「**薮入り**（やぶいり）」など爆笑落語ばかりである。「**薮入り**」はしみじみした噺だが、金馬の手に掛かると爆笑になる。

金馬の魅力はなんだろうか。わかりやすさだと思う。

子供たちは金馬を聞いて落語が好きになり、しばらくして、わかりやすさだけではもの足りなくなり、志ん生や文楽を聞くようになるのだが、わかりやすくて面白いのは、なんと言っても金馬だ。子供に受ける、そして、ラジオやレコードで全国に人気が浸透する、わかりやすさが多くの人を爆笑に包むのだ。

CDは、「三代目 三遊亭金馬全集」がエニーから出ていて、「**居酒屋**」は第12集に収録されている。

「三代目三遊亭金馬全集」
12「居酒屋・佃祭・蔵前駕籠」
（発売元：エニー）

Rakugo Master Number 04

三代目 春風亭柳好（しゅんぷうていりゅうこう）「野（の）ざらし」

明治20（1887）年4月24日〜昭和31（1956）年3月14日

東京浅草に生まれる。明治45年、二代目談洲楼燕枝（だんしゅうろうえんし）に入門し、燕吉（えんきち）。四代目春風亭柳枝（りゅうし）門下に移り、大正6年、真打となり、三代目春風亭柳好。大正時代から寄席で人気を博すが、不況の時代に落語家を辞めて、おでん屋や幇間をやっていたこともあったという。落語家に戻るが端席にしか出られなかったので、日本芸術協会に移り、ふたたび人気者となる。高座に出るだけで明るくなる芸風で、客席から得意ネタの「野ざらし」「蝦蟇（蝦蟇の油）」と声が掛かった。「あちらたてればこちらがたたず」と客席に断わり「棒鱈（ぼうだら）」を演じたりしていたという。

柳好も七十代以上の落語ファンには忘れられない存在の落語家らしい。
寄席で活躍した。

得意ネタは**「野ざらし」「蝦蟇の油」**。

柳好が高座に出ると、ぱっ、と明るくなる。**「野ざらし」**の謳い調子が素晴らしい、昭和20年代から30年代前半に寄席に通っていた人たちは口を揃えて言う。

聞いてみたいと思った。筆者が10代、20代の頃はレコードの時代で、三代目柳好のレコードがビクターから出ていたので買って聞いた。今でも家にある。**「野ざらし」「蝦蟇の油」**の他、**「羽織の遊び」「宮戸川」「鰻の幇間」「二十四孝」**の六席が収録。

「野ざらし」、おなじみの噺だ。談志、志ん朝、小三治……、いろんな人がやっている。

長屋に住む浪人、尾形清十郎の元へ若い娘が訪ねて来たのを隣家の八五郎が見てしまう。翌日、八五郎が尾形に事情を聞くと、向島に屍をさらしていた人骨に回向をした。その骨が成仏の礼に来たと言う。向島の人骨を回向すると女が訪ねて来ると思い込んだ八五郎は、早速向島に出掛けるが、天気のいい昼間で大勢の釣り人が出ている。魚を釣っている人たちの横で、八五郎は骨を釣りに来たと言い、女が訪ねて来たらどうするかという妄想をはじめる。

この妄想場面で、八五郎はサイサイ節なる、「**野ざらし**」の物語の情景を歌った俗曲を歌い、そして、よどみのない口調で、女との会話を綴る。これが軽快で、はずみのある口調なのが三代目柳好の真骨頂。これが実に楽しいというのは、音だけでも伝わる。

確かに軽快だ。しかし、その本質の魅力はレコードからは伝わり難い。やはり、寄席で聞いてこそ、伝わる感動というのはあるのだろう。寄席で聞いて、口調や雰囲気、そうしたノリに身を委ねる一体感のような楽しさが落語にはあるのだ。

考えてみれば、「**野ざらし**」というのは不思議な話だ。隣家に若い女が訪ねて来た。俺のところに来ないか。ここまではまともな男の了見。だが、その女が骨だった。つまり、あの世の人、幽霊だ。美女の皮をかぶった骨。まぁ、人間だって、骨が皮をかぶっているんだけれど。骨だとわかっても、訪ねて来て欲しいって何?

「**牡丹灯籠**（ぼたんどうろう）」なら取り殺される。やはり、幽霊を回向して礼に来た幽霊と夫婦になる「**安兵衛狐**（やすべいぎつね）」なんていう落語もある。ラフカディオ・ハーンの「雪女」は雪女と夫婦になって子供まで作る。幽霊や妖怪とだって恋愛くらいは出来る?

「世の中には化け物みたいな女はいくらもいる」ってクスグリを入れている落語家もいたね。確かに。

とは言え、幽霊でも若い女に訪ねて来て欲しい。いや、「先生のところに来たのは若過ぎる。もっと年増がいい」。そう。江戸っ子は女は若けりゃいいわけじゃないんだ。酸いも甘いも嚙み分けた、乙な年増が好き。乙な年増が焼餅を妬いて、ほどよい痛さで抓られるのが好き、って大丈夫か？　大丈夫じゃない。相手は乙な年増の骨だ。

江戸は男女の人口比で男のほうが多かった。なのに、武家や金持ちは妾なんか持つから、なかなか庶民に女はまわってこない。だから、幽霊でもいいんだ。しかも乙な年増がいい。**「野ざらし」**は八五郎のお馬鹿な妄想からは、そんな江戸の男の悲痛な叫びが聞こえてくるけれど、そんなことを一切感じさせない、粋で調子のよい**「野ざらし」**が三代目柳好の**「野ざらし」**なのだ。

ＣＤは、「ビクター落語 三代目 春風亭柳好 1「野ざらし・鰻の幇間・羽織の遊び・宮戸川」」が公益財団法人日本伝統文化振興財団から出ており、**「野ざらし」**は昭和29年7月25日にラジオ東京（現・ＴＢＳラジオ）で放送された「落語鑑賞」のものを収録。

ビクター落語「三代目春風亭柳好」
1「野ざらし・鰻の幇間・羽織の遊び・宮戸川」
（提供：日本伝統文化振興財団）

第2章

「昭和の名人」と言われた落語家たち

昭和の名人と言うと、八代目桂文楽、五代目古今亭志ん生、六代目三遊亭圓生らがあげられる。

文楽は、完全主義というか、口演時間などもまったく同じに演じる名人芸、ネタ数こそ少ないが、いつでも一級品の名人芸を聞かせていたという。

対比されるのが、志ん生。ネタ数は多い。驚くほど多い。だが、出来不出来も激しい。発売されているCDやレコードにも不出来なものもある。不出来なものは売らなきゃいいのにと思うが、不出来なものにも志ん生の魅力がある。それが志ん生。「バカ目といって、こういう目はおつけの実にしかならない」「しめこのウサギ」「狐が三匹でじゃんけん」とか独自のフレーズが飛び出す。意外性の名人、不確定な名人だ。

ネタ数も多く、巧みな描写力の名人が圓生。人情噺も滑稽噺も、聞かせる。落語とはこういうものだという教科書として、速記本『圓生全集』、レコード「圓生百席」を残した。

他にも、マニアにファンが多いいぶし銀の八代目三笑亭可楽、怪談や人情噺の名人、八代目林家正蔵、「芝浜」などで活躍した三代目桂三木助、新作でも二代目三遊亭円歌、五代目古今亭今輔らがいる。そして、落語界初の人間国宝、五代目柳家小さんなど、名人群雄割拠の時代があった。

Rakugo Master Number 05

八代目 桂文楽「明烏」

明治25（1892）年11月3日〜昭和46（1971）年12月12日

青森県五所川原の生まれ。というのも父が官僚で転勤を繰り返していた。育ったのは東京。9歳で父が亡くなり、奉公に出て苦労する。明治41年、初代桂小南に入門し、桂小莚。修業時代に三代目三遊亭圓馬に稽古をつけてもらい、多くの薫陶を受ける。のちに名人となる下地は圓馬の薫陶による。師匠が旅に出たため、自身も旅の一座で苦労し、七代目翁家さん馬（八代目文治）門下となり、帰京し、翁家さん生。五代目柳亭左楽門下に移り、大正6年、翁家馬之助で真打となる。9年、八代目桂文楽を襲名。戦前はお座敷で活躍し、芸に磨きを掛けた。昭和26年、民間放送開局で、ラジオ東京の専属となる。29年、「素人鰻」で文部省芸術祭賞受賞、落語家ではじめての受賞である。その後、ホール落語の全盛期には多くのホール落語に出演した。36年、紫綬褒章、41年、勲四等瑞宝章。46年の国立劇場「落語研究会」で「大仏餅」口演中に絶句し高座を降り、その年の暮れに亡くなった。

早口だと思った。
リアルでは聞いていない。八代目桂文楽の録音をはじめて聞いた時に思った。それでも言っている意味はわかったし、クスグリ（笑いどころ）は面白かった。

若い頃は苦労したし、それこそ横浜にいた頃は無頼の徒に加わっていたこともあったらしい（桂文楽『芸談あばらかべっそん』）。しかし、落語家として大成してからは、お座敷を多くこなし、しかも高額のご祝儀をもらっていて、かなり裕福だったようだ。お座敷に落語家を呼ぼうなんていうのは、粋な金持ちで、綺麗な芸が好きな人たちだ。そういう人たちに好まれた名人芸だ。

ネタ数は少ない。『桂文楽全集』上、下（立風書房）が出ているが、収録されている落語は29席、若い頃はもっとたくさんネタがあったろうが、厳選されて、この29席プラス数席が最終的な持ちネタだった。

中でも多いのが幇間のネタ。「**つるつる**」「**鰻の幇間**」「**干物箱**」「**愛宕山**」「**鶴満寺**」「**富久**」、お座敷に多く出ていた文楽のまわりは、幇間のような人物もあまたいたのだろう。「**つるつる**」「**鰻の幇間**」では、幇間が早口で「よいしょ」をまくし立てる。お座敷独特の言葉もたくさん出て来る。

「懐中時計じゃございません。天保銭です。一八さん、いま、何時？　いま七厘」。なんだか、わけがわからない。

そう言えば、文楽が独自に発するフレーズもある。著書のタイトルになった「あばらかべっそん」や、ご機嫌な時には「べけんや」を連発していたらしい。どちらも意味不明。意味不明語の連発、まるで女子高生みたいだ。

文楽のこの一席と言ったら、多くの人が「**明烏**（あけがらす）」をあげる。

「**明烏**」は若者の童貞喪失譚。堅物の若旦那、日向屋の時次郎は、自室に篭って本ばかり読んでいる。少しは世間を学ばせなければ、商人として立ち行かない。外に遊びに行くよう言ったら、その日は初午。店子の稲荷祭りに行って、子供と一緒に太鼓を叩いて遊び、赤飯をご馳走になって帰って来た。

町内の札付きの源兵衛と多助、こいつらが時次郎を、「お稲荷さんのお篭り」と嘘をつき、吉原に連れ出した。若者の社会勉強の場。昔の吉原は、男を磨く場所だった。

文楽は吉原の描写が綺麗。

「稲本、角海老、品川楼、幅の広い階段をとんとんとんとん」。

時代劇なんかでよく見る大見世の遊女屋は、真ん中に幅の広い階段があった。

そこが吉原だとわかり、泣き叫ぶ時次郎を黙らせたのは、遊女の浦里。

文楽の「明烏」は時次郎が浦里の布団の中で「結構なお篭りでした」と言う、吉原の翌朝の景色も綺麗に描かれる。他所の部屋の様子をのぞきに来るのは、ふられた源兵衛と多助。多助は花魁の部屋の鼠入らずの中にある甘納豆を勝手に食べる。この甘納豆の仕草が見事で、文楽が中入り前に「**明烏**」を掛けると、売店で甘納豆が飛ぶように売れたという。ホントかね。ホントなんだろう。そのくらい、臨場感たっぷりに、うまそうに食べたんだ。

お座敷で培った綺麗な芸が、玄人に好まれた。で、評論家の安藤鶴夫(あんどうつるお)[注1]は文楽の芸をもって「古典落語」と位置付けた。文楽のゆるぎない完璧さと美意識は「古典」の名にふさわしかった。

注1：演芸評論家。古典落語という言葉を用い芸の規範を確立した。人気者でも三代目金馬や三代目柳好は決して認めなかった。小説『巷談本牧亭』で直木賞受賞。明治41〜昭和44。

Rakugo Master Number 06

五代目 古今亭志ん生「火焔太鼓」

明治23（1890）年6月28日〜昭和48（1973）年9月21日

東京神田の生まれ。祖父は元旗本で、父は士族で志ん生が生まれた時は警視庁巡査だった。小学校中退後、奉公先を転々とするうち、酒と博打を覚え、家を飛び出す。一方で芸事に興味を持ち天狗連（素人芸人のグループ）に入り高座に上がる。三遊亭圓盛の素人弟子となり、三遊亭盛朝を名乗る。プロの噺家になるべく、明治43年頃、二代目三遊亭小圓朝の弟子となり、三遊亭朝太。志ん生は四代目橘家圓喬の弟子と言っているが、眉唾。小圓朝一座で地方巡業、この旅で、のちの三代目金馬や二代目円歌と知り合う。帰京し、二ツ目となり、三遊亭圓菊。大正7年、六代目金原亭馬生（四代目古今亭志ん生）門下に移り、金原亭馬太郎、金原亭武生を経て、大正10年、真打昇進し、金原亭馬きん。この時、真打の準備に借りた金を吉原で使ってしまい、ボロ着物で披露の高座に上がった。師匠の四代目志ん生襲名で、古今亭志ん馬に改名。講談の三代目小金井芦州に憧れ、芦風の名をもらい、昼は講釈師、夜は落語家の暮らしをするが、芦州の死で落語家に戻り、古今亭馬きん。協会を辞し、古今亭馬生となるも、寄席に出られず生活苦で納豆売りになるが、ぜんぜん売れずに廃業。昭和2年、初代柳家三語楼を頼り、柳家東三楼、柳家ぎん馬を名乗る。不況で減収、家賃が安いと借りた笹塚の家を夜逃げし、業平の長屋に住む。ここが、なめくじ長屋である。柳家甚語楼を名乗ったのち、7年、三語楼と決別、古今亭志ん馬に戻る。この頃から、寄席の出番が多くなり、経済的困窮からは脱出、9年、七代目金原亭馬生を襲名。11年、なめくじ長屋から上野へ転居。14年、五代目古今亭志ん生を襲名。20年、満州へ慰問に行き、そこで終戦。終戦後も中国を転々とし、22年、ようやく帰国。26年、ラジオの時代に、おおいに人気を呼び、ホール落語などにも多数出演。31年、「お直し」の口演で文部大臣賞受賞。32年、落語協会会長となる。36年に脳溢血で倒れるも、43年、高座に復帰。42年には勲四等瑞宝章。

皆、志ん生大好き。

なんでだろう。やはり無頼的な人生への憧れか。

飲む打つ買うで、いつも貧乏。真打披露の金も吉原で使った。借金取りから逃げるために、何度も改名したと言われているが、実は借金取りから逃げるための改名は、二、三度だけだ。いや、二、三度でも多いか。実際は、落語界の離合集散、そういった揉め事で、師匠が変わったり、当人が協会を離脱したり、という理由での改名が多い。真打昇進の馬きんや、七代目馬生、五代目志ん生の襲名という、おめでたい改名もある。

一番貧しかったのは、大正の終わりから昭和、協会から離脱し寄席に出られず、そこに不況が襲った頃。笹塚の家を夜逃げし、住んだところが業平。今の東京スカイツリーのすぐ近くだが、湿地を埋め立てた場所で、蚊となめくじに悩まされる。ここがいわゆる、なめくじ長屋。志ん生の著書『なめくじ艦隊』や『びんぼう自慢』に詳しい。著書ったって聞き書き。『なめくじ艦隊』は眉唾な話ばかり。『びんぼう自慢』は聞き書きしたのが評論家の小島貞二(こじまていじ)[注1]で、眉唾な記載は少ない。

昭和のはじめ頃、寄席に出るようになると、志ん生の生活も極貧からは脱出する。当時の落語家は生活の基盤は寄席で、寄席に出られれば、さほどの困窮はせずに済んだ時代である。しかも、レコードなどの依頼もあり、この時期、「**円タクの恋**(えんタクのこい)」(作・鈴木(すずき)みちを[注2]）など新作やったり、正岡容（まさおかいるる）[注3]の小説を朗読したりもしている。正岡が自分の小説を志ん生に読んでもらったことを喜んでいるから、この頃は、志ん生もそこそこは売れていたのだろう。

志ん生はネタ数が多い。ネタ数は約２００席、収録されている音源も４００席はあるという。

だが、この一席と言ったら、やはり「**火焔太鼓**（かえんだいこ）」だろう。

道具屋の甚兵衛はかなりマヌケな人物で、女房の尻に敷かれている。甚兵衛は市に行って太鼓を二分（約5万円）で買ってきた。「太鼓は際物だから、祭りの時期しか売れない」と怒る女房。だが通り掛かった大名が太鼓の音を聞き、家来が「太鼓を見たいから屋敷に持参せよ」と言う。太鼓は火焔太鼓という、世に二つという名器で、50両（約５００万円）に売れるというサクセスストーリー。運がいいだけ？　でも、夢も希望もあるお話。

これが志ん生の口演だと、いろんなフレーズが飛び交い、息つく間もなく爆笑の連続となる。

いろんなフレーズが飛び交い、というのは、志ん生が大正の終わり頃、初代柳家三語楼に影響を受けたことが大きいと言われている。志ん生は昭和になって寄席で認められ、昭和12年頃によく「**火焔太鼓**」を掛けていたという。また録音も現在、11種類発売されている。

文楽とは真逆の名人。ふわふわっと、面白いことを言う。だが、落語の世界観は決して壊さない。独自のフレーズが飛び出すが、威勢のいい職人だったり、マヌケな男だったり、小僧だったり、ずる賢い奴だったり、花魁だったり、客だったり、田舎者だったり。登場人物の言葉として出てくるから、それが大きな笑いになる。

逸話の多い志ん生だが、芸に関しては真摯に取り組んでいた。倒れてからも、復帰のため、いつも『圓朝全集』のページをめくっていたという。

名人と一言で言っても、いろんなタイプの名人がいるようだが、芸への取り組む姿勢は誰でも真摯だということだろう。

CDは、「ビクター落語　五代目 古今亭志ん生 21「火焔太鼓・黄金餅・二階ぞめき」」が公益財団法人日本伝統文化振興財団から出ており、「**火焔太鼓**」は、昭和27年4月11日放送の「**落語鑑賞**」（ラジオ東京（現・TBSラジオ））を録音したもの。

注1：演芸評論家。元力士、元漫画家で、演芸のみならず、相撲、プロレスの評論でも活躍。著書は160冊を超える。大正8～平成15。

注2：演芸作家。五代目古今亭今輔らに多く新作落語を書いている。代表作「お説教おばあさん」「留守番」「冥土の喧嘩」など。明治38～昭和62。

注3：作家、演芸評論家。酒と女と猫と演芸をこよなく愛した。落語、浪曲の台本も執筆。小説「浪花節更紗」「圓朝花火」「圓太郎馬車」などが代表作。明治37～昭和33。

ビクター落語「五代目古今亭志ん生」
21「火焔太鼓・黄金餅・二階ぞめき」
（提供：日本伝統文化振興財団）

Rakugo Master Number 07

六代目 三遊亭圓生「死神」

明治33（1900）年9月3日〜昭和54（1979）年9月3日

大阪に生まれる。生家没落で、母とともに東京へ。豊竹豆仮名太夫の名で子供義太夫として寄席の高座に上がる。母が五代目三遊亭圓生と再婚、旅先の事故が原因で義太夫を続けることが出来ず落語家に転向、四代目橘家圓蔵門下となり、橘家圓童。大正9年、橘家圓好で真打。11年、四代目三遊亭圓窓、14年、六代目橘家圓蔵を襲名。この間、落語界の離合集散に巻き込まれ苦労する。昭和16年、六代目三遊亭圓生を襲名。20年、五代目古今亭志ん生らとともに満州へ行き、終戦。22年、帰国後、芸が開花したと言われ、評価が高まる。28年、ラジオ東京の専属となり、この頃から独演会を多く開催。また、ホール落語にも多く出演、ネタ数の多さ、人情噺、寄席ではあまり演じられない長い噺などを、技を駆使して口演し、さらなる高評価を得る。35年、「首提灯」で文部大臣賞、40年、落語協会会長となる。48年、「御神酒徳利」を昭和天皇の前で口演、レコード「圓生百席」を製作。勲四等瑞宝章。47年、会長を五代目柳家小さんに譲るが、小さんが20人の真打昇進を決めたことで対立、とうとう53年、落語協会を脱退し、三遊協会を設立した。しかし、寄席と決別し、三遊協会は圓生一門のみで孤立する。そんな中、54年、歌舞伎座独演会など精力的に活動するも、9月千葉習志野の高座のあと倒れ、死去した。

圓生はホール落語で、短い間だったが、よく聞いた。むしろ、圓生を聞きたくて、ホール落語に行った。筆者の中で名人と言ったら圓生だろう。もし、圓生を聞いていなかったら、落語をそんなに好きにはなっていなかったかもしれない。

圓生というと、芸至上主義者というイメージがある。そのことが落語協会分裂騒動を起こした。芸に対する厳しい基準があり、それを守ろうとした。圓生の至芸はどのようにして作られているのか。それは並外れた稽古にあるという。

圓生は寄席が終わって帰りの車に乗る時に、すでに口の中で何かブツブツ言っていた。噺をさらっていたのだ。高座の前にさらう人はいるだろうが、終わってからさらう人は少ないだろう。さっきの高座の反復か、次の高座の稽古かはわからないが、わずかの移動にも噺の稽古をするのが圓生なのだ。また、家に帰って部屋に入り、ドアを閉めた途端、稽古する声が聞こえた。これらのエピソードは、圓生門下の圓丈（えんじょう）からたくさん聞いている。愛弟子の目から見た圓生の稽古のすさまじさが伝わる。

圓生の一席は「**死神**（しにがみ）」をあげる。三遊亭圓朝（えんちょう）[注1]・作、今村信雄（いまむらのぶお）[注2]によるとイタリアオペラの翻案だという。

筆者が最初に聞いた圓生の「**死神**」は、落語ファンの間では極めて評判のよくない、スタジオ録画（すなわち無観客）の、ラストシーンで蠟燭の映像が絡む、NHKの「**死神**」だ。筆者はまだ子供だったが、その時はただただ感動に包まれていた。ストーリーを聞かせる落語、そして、ストーリーにお客を引き込む語りの力、随所に散りばめられた変なクスグリ（死神の呪文や、死神を「ちょいと、しーちゃん」と呼んだりなど（死神だから「しーちゃん」。ホステスなんかが言いそうなフレーズで面白い。））、圓生のポロッと言う当時の流行語のおかしさ、この人の口からこういう言葉の出る違和感の笑い。今は死神の呪文で面白いことを言うのが定番になっているが、あんなことを言ったのは圓生が最初だろう。

　貧乏な男の前に死神が現われ、「医者になれ」という。死神退散の呪文を教えてもらった男は、次々に難病の患者のもとから死神を退散させ、医者として成功する。だが、欲に目がくらんだ男は、死神から「手を出してはいけない」と言われていた、枕元に座っている死神を騙して退散させる。男の身に待っていたものは。ミステリータッチの物語を、実にスリリングに聞かせてくれた。落語のもうひとつの醍醐味である。

　圓生は「**ねずみ穴**」「**御神酒徳利**」「**妾馬**」、物語を聞かせる話や、「**文違い**」のような人間の心理の葛藤、二枚舌三枚舌で騙したり騙されたり、そんな噺が圧巻だったが、寄席でよく聞く「**蝦蟇の油**」だとか「**掛取り万歳**」なんかも面白かった。

　芸至上主義の圓生が目標としたものは、古典落語であった。しかし、一方で、客席に受けることも常に考えていた。だから、死神の呪文も型通りでなく、おかしなものに変えて演じた。ＮＨＫのスタジオ「死神」では「アジャラカモクレン、ピーナッツ」。「アジャラカモクレン」に意味なんかない。他の落語にも出て来る。「ピーナッツ」はロッキード事件の時の隠語だ。他にもＮＨＫで演じたもので「アジャラカモクレン、ＪＯＡＫ」とか、他の録音では「アジャラカモクレン、ハイジャック」なんというのもあった。

工夫や入れごとは枝葉に過ぎない。笑いの基本は古典にある。古典の大きな幹を圓生はいつも考えていた。古典を技や間や、いろいろ駆使して、面白く聞かせる。客を笑わせて楽しませる。そうした落語の使命を実践し、「古典」として練り上げたのが圓生だったのだろう。

ＣＤは、「ビクター落語　六代目 三遊亭圓生 8「死神・阿武松」」が公益財団法人日本伝統文化振興財団から出ており、「**死神**」は、昭和49年9月27日に渋谷にあった東横劇場で行なわれた「第１６５回東横落語会」を録音したもの。

ビクター落語「六代 三遊亭圓生」
8「死神・阿武松」
（提供：日本伝統文化振興財団）

Rakugo Master Number 08

八代目 三笑亭可楽「らくだ」

明治31(1898)年1月5日~昭和39(1964)年8月23日

東京上野に生まれる。家業は経師屋。落語家に憧れ、大正4年、初代三遊亭圓右に入門し、三遊亭右喜松。三橘から翁家さん生。大正11年、翁家馬之助で真打。柳家さん枝、春風亭柳楽、六代目春風亭小柳枝を経て、昭和21年、八代目三笑亭可楽を襲名する。不遇時代が長く、何度も改名をしているが、芸は高く評価され、戦中、安藤鶴夫が独演会を開催して応援していた。28年、文化放送の専属、37年、「精選落語会」(イイノホール)のレギュラーメンバーとなり脚光を浴びるも、翌年、食道癌で死去。

一部に熱狂的なファンがいるのが可楽だ。

もしかしたら一般受けはしないのかもしれないが、でも、可楽が好きだという人は結構いる。

小気味のよい職人口調と、渋目の風貌が特徴で「いぶし銀の可楽」と呼ぶ人もいる。落語好きが多いと言われているジャズメンに可楽のファンが多いらしい。

冬の噺がいい。「**二番煎じ**」「**うどん屋**」、秋の噺だけれど「**反魂香**」なんかも、寒い雰囲気が、可楽の語り口から伝わって来る。どこか悲哀を感じさせるのが、可楽の魅力なのかもしれない。

可楽のこの一席は、「**らくだ**」。


河豚を食べて当たって死ぬから、これもおそらく、冬の噺だろう。

らくだという仇名の乱暴者がいた。本名は、馬（馬太郎だか馬之助だか知らないが）。このらくだの馬が河豚に当たって死んで、訪ねて来た兄貴分が死体を発見するところからはじまる。葬式を出してやりたいが兄貴は一文なし、たまたま通り掛かった屑屋を脅して、まず、香典を集めさせる。らくだが死んで嬉しいから（どれだけ嫌われているんだ）、長屋の人たちはわずかだが香典を出す。

次に大家から酒肴を奪い取る。大家は店賃も払っていないらくだのために、酒肴なんか出さない。なれば、「死体のやり場に困っています。大家さんのところへ持って行って、カンカンノーを踊らせましょう」「死人のカンカンノーなんて見たことない。やれるもんなら、やってみろ」。うっかりしたことは言わないほうがいい。兄貴と屑屋はらくだの死骸を担いで大家の家へ。

最後は八百屋から棺桶用の菜漬けの樽まで無料でもらう。一仕事済み去ろうとする屑屋に兄貴分が酒をすすめたのがいけない。屑屋は酒乱だった。

脅されてビクビクしていた屑屋が酒で豹変する、酔いながら少しずつ人間の本性が出る件が一番面白い。こういう描写、兄貴分の凄みと、豹変する屑屋の面白味、そういう語り口の面白さが可楽の真骨頂か。

文政の頃、動物のらくだが見世物で人気だったという。大きいのに牛や馬のようには役に立たないところから、この噺の主人公（?）の仇名となった。また、彼が乱暴者で、恐喝などで生活して働いていない、あいつは「(働かないで) 楽だ」からついた仇名という説もある。

元は上方の「**らくだの葬礼**（そうれん）」。三代目柳家小（こ）さん[注1]が東京に伝えたと言われている。志（し）ん生（しょう）、圓生（えんしょう）、小さん、談志（だんし）ら「**らくだ**」を得意にしている落語家は多いが、可楽は上方からの直伝だそうだ。

「カンカンノー」も文政の頃に長崎に渡来した清楽（清朝の音楽）の九連環（江戸後期から明治に流行した俗曲。中国の音楽に源流があり、当時の最新の音楽として親しまれた。とりわけ明治中期に流行し、のちの芸能にも影響を与えた。）がもと。文句は唐土語のように聞こえるデタラメ。文政3年大坂で流行し、その後、名古屋、江戸でも流行した。文句が実は唐土語のエロ詞ではないかという噂になり、文政5年に禁止されている。

明治になって「梅が枝の手水鉢」（明治時代の俗曲で、曲は九連環。作詞は仮名垣魯文。）、昭和になって「もしも月給が上がったら」[注2]などに曲が伝わっているので、今の人にもおなじみの曲であるが、踊りまでは伝わっていない。いや、そんな踊りは、伝わってなくてもよい。兄貴分がらくだの手足を持って、骨をボキボキ言わせて踊るんだ。碌な踊りじゃないよ。

注1：落語家。明治～大正に活躍。夏目漱石は「彼と時を同じうして生きる仕合せ」と小説「三四郎」で言っている。安政四～昭和五。

注2：昭和の流行歌。作詞・サトウハチロウ（当時・山野三郎）、作曲・北村輝だが、元曲は九連環。林伊佐緒と新橋みどりがデュエットで歌いヒットした。

Rakugo Master Number 09

二代目 三遊亭円歌「呼び出し電話」

明治23（1890）年4月28日～昭和39（1964）年8月25日

新潟出身。旧制中学卒業後、横浜へ出て働く。その後、北海道に渡り、天狗連の一座に入り、各地を巡業する。やはり、プロの落語家になりたいと上京し、大正3年、初代三遊亭圓歌に入門、三遊亭歌寿美、6年、二ツ目となり、三遊亭歌奴、9年、真打昇進、昭和9年、二代目三遊亭円歌を襲名する。

兄弟子の三代目三遊亭金馬が作った「呼び出し電話」を口演し、売れる。電話シリーズの他、戦中は「木炭車」などの新作も口演、古典は「紺田屋」「紋三郎稲荷」「西行」などを得意とした。

昭和28年、ラジオ東京の専属、38年、落語協会副会長となる。フジテレビの番組収録中に倒れ、死去。

新作落語「**呼び出し電話**」で一世風靡した。

「**呼び出し電話**」の他、円歌は電話シリーズで、「**空き巣の電話**」（作・大野桂）、注1「**社長の電話**」（作・鈴木みちを）などを演じている。

「**空き巣の電話**」が昭和29年、電話加入30万台突破記念で作られた落語。そうか。昔はそんなイベントに新作落語が作られていたんだ。これが、大野桂のデビュー作だという。すでに「**呼び出し電話**」で人気だった円歌が口演した。

今でこそ、子供でも携帯電話を持っているが、昭和29年で30万台だから、その前は家庭に電話のある家は少なかった。電話なんて、よほどの急用でもなければ掛けることもなかったのだろう。

それでも用事のある時は、近所の電話のある家に掛けて、呼び出してもらう。長屋とかアパートとか、近所付き合い、もちつもたれつ、そんな時代だから、呼び出してもくれたのだろう。

つまり、近所付き合い、相互扶助など江戸時代の暮らしの中に、電話という最新の文明が入り込んだ、そんな落語が「**呼び出し電話**」なのだ。

話は、電話を引いた家の夫婦、当時は電話を引くにはお金も掛かった。だから、ちょっとリッチな気分で喜んでいる。早速、掛かってくる。喜んで取ると、これが呼び出しの依頼。誰を呼び出すのか聞いたが、相手は知らない人。ちょっと離れた近所が、勝手に電話番号を名刺に書いてしまっていたらしい。

あー、あったね。昔の名刺、電話番号の下に、(呼) なんて書いてある人、昭和50年代くらいまではいた。たいていはアパートなんかで、廊下に一台赤電話があって、管理人さんが呼び出してくれた。昭和20年代だと、やはり近所の人に頼んだんだ。

次に、電話を借りに女性がやってくる。ホステスらしい。いわゆる、営業電話を掛けまくる。ご無沙汰の客に「今晩、来てくださらない」。今ならメールだが、この時代はホステスから会社に電話が掛かって来たんだ。もっとも、バーやキャバレーがサラリーマンも接待の場だから、ホステスからの電話応対も仕事のうちだったのかもしれない。

円歌は女性の表現がうまかった。電話のある家の妻、すなわち堅気の女性は古典落語のおかみさんの表現だが、営業電話を掛けるホステスは、営業声で喋る。とりわけ色っぽいとか、そういうんじゃない。水商売的な声で喋る。こういうキャラクターは古典落語にはない。そうした時代の女性の活写もまた、新作落語の面白さなのだろう。

「呼び出し電話」は円歌に憧れて落語家になった三笑亭笑三(さんしょうていしょうざ)が継承していた。昭和40年代、50年代になると、確かにまだ呼び出し電話はあったが、一般的なものではなくなり、ホステスが営業電話を借りに来るなんていうのは落語の嘘で昭和20年代でもなかったろうが、昭和50年代ではあり得ない話になり、「**呼び出し電話**」という落語が古くなってしまった。新作の宿命のようなものかもしれない。しかし、今なら、昭和の古典として、演じられてもおかしくないかもしれない。

「**呼び出し電話**」で円歌は人気になったので新作派のように思われているが、古典も多く手掛けていた。「**紺田屋**（こんだや）」「**紋三郎稲荷**（もんざぶろういなり）」などという、他の人があまりやらないネタや、「**七段目**（しちだんめ）」のような歌舞伎に特化したネタも得意だった。

注1：演芸作家。新作落語、漫才などを多く執筆。代表作「旅行鞄」「狭き門」「麻の葉」など。著書に「河童の研究」がある。昭和6～平成20。

Rakugo Master Number 10

八代目 春風亭柳枝「大山詣り」

明治38（1905）年12月15日～昭和34（1959）年10月8日

東京本郷の生まれ。父は音曲師、四代目柳家枝太郎。大正10年、春風亭華柳に入門し、春風亭枝女太、大正11年、二ツ目。12年、睦ノ太郎と改名。14年、真打昇進し、八代目春風亭伯枝。昭和9年、八代目柳亭芝楽に改名、18年、八代目春風亭柳枝襲名。ラジオ収録中に倒れ、死去。

「子ほめ」「元犬」「王子の狐」「たらちね」「のめる（二人癖）」など、軽いネタを本寸法（形を崩さない正統派の芸。）で演じていた落語家として知られている。落語のお手本とも言える芸が、速記本や録音で残されているのは、落語を考える上での貴重な材料でもある。

この一席は、あえて大ネタの**「大山詣り」**を取り上げたい。

大ネタと言っても、落語らしい馬鹿馬鹿しい噺である。

江戸っ子は旅が好きだった。「一生に一度は伊勢参り」などと言われたが、伊勢参りに行かれるなんていうことはまずない。でも旅に行きたいから、講を作って、皆で金を積み立てて、年に一回、相模（現・神奈川県）の大山に参詣した。

大山は江戸時代は大山寺、不動明王が祀ってあり、もともとは修験道の山だった。6月27日〜7月17日が参詣の出来る日と決められていた。大山詣りは信仰と親しい仲間の親睦も兼ねた小旅行になる。一行は10人前後で、先達さんと呼ばれる、何度も大山に行っている年長の者が案内人兼リーダーとなる。

講の連中が「今年の大山には熊五郎を連れて行かない」と言い出した。何故なら熊五郎は乱暴者だからだ。喧嘩も強いから暴れ出すと誰も止められない。トラブルの素だから、一緒には行きたくないと言うのだ。こういう時の調整役も先達さんはき引き受けなきゃならない。熊五郎を連れて行く条件に、旅の途中、腹を立てたら罰金、乱暴をしたら頭を坊主にする、という約束で行くこととなった。

参詣は無事済んだ。帰り道、案の定、熊五郎が暴れた。暴れて酔い潰れた熊五郎を、講中の者が坊主にして、先達さんには言わなかった。

酔って寝ているんなら寝かせておけと、先達さんは一行を引き連れて旅立つ。あとに残った坊主の熊五郎は目を覚まして驚いた。自慢の髷がない坊主頭。熊五郎は怒った。これから熊五郎の壮絶な復讐がはじまる。

柳枝の語りは丁寧だ。状況が手に取るようにわかる。熊五郎がどれだけ乱暴者か。そして、その熊五郎に殴られて、悔しいって言う奴らの情けなさ。でもそいつらが反撃に出る時の楽しさ。そして、すべてを達観した、大人の先達さんも。そう。先達さんみたいな人がいるから、落語は成り立っている。先達さんは落語の登場人物であり、観客の代弁者でもあるんだね。能のワキのような役割になる。

軽いネタを得意とした柳枝は、ラジオなどでも重宝され、出演も多かったから、録音も残っている。また、寄席では必ず、一席やったあと、踊りを見せて、客席を楽しませていたという。

後進の指導も行い、噺だけでなく鳴物も教えていた。弟子の三遊亭圓弥[注1]（柳枝亡きあと、圓生門下に移った）は鳴物の名手だ。他にも、立川談志や五代目三遊亭圓楽らも、前座、二ツ目時代に柳枝のもとに通い稽古していたという。

珍しいネタでは「**宗論**」、これは益田太郎冠者[注2]・作の新作落語。現在はやる人も多いが、仏教信者の父とキリスト信者の息子の不思議な話。「**搗屋無間**」は、衝米屋の男が錦絵を見て花魁に惚れて、幇間が吉原に連れて行く、いまはあまり演じられていないネタ。そんなネタもやっていたりする。

ＣＤは、「ビクター落語　八代目 春風亭柳枝 2「野ざらし・大山詣り・搗屋無間・二人癖」」が公益財団法人日本伝統文化振興財団から出ており、「**大山詣り**」は、昭和33年7月11日のラジオ放送を録音したもの。

注1：落語家。歌舞伎をモチーフにした「七段目」、柳枝ゆずりの「王子の狐」、圓生ゆずりの「三十石」などを得意とした。舞踊の名手で、志ん朝らの住吉踊りの中心の一人だった。昭和11～平成18。

注2：作家。父は三井財閥の創始者の一人、益田孝。企業の社長を勤めながら、帝国劇場の芸術監督を務め、喜劇や落語の脚本を書いた。明治8～昭和28。

ビクター落語「八代目春風亭柳枝」
2「野ざらし・大山詣り・搗屋無間・二人癖」
（提供：日本伝統文化振興財団）

Rakugo Master Number 11

八代目 林家正蔵「中村仲蔵」

明治28（1895）年5月16日〜昭和57（1982）年1月29日
東京荏原郡（現・品川区）の生まれ。明治45年、二代目三遊亭三福に入門し、三遊亭福よし。修業時代に二代目三遊亭圓楽（一朝）のもとに稽古に通い、圓朝ネタや芝居噺を習得する。大正7年、二ツ目で、橘家二三蔵。8年、一朝から、三代目三遊亭圓楽を譲られ、襲名。9年、真打昇進。14年、柳家小山三（五代目古今亭今輔）らとともに落語協会を離脱し「落語改革派」を旗揚げ。協会幹部らにもの申すも、数ヶ月で解散、協会に復帰する。昭和3年、五代目蝶花楼馬楽を襲名。25年、八代目林家正蔵を襲名。昭和30年後半〜40年前半には、自作の「二つ面」などで芸術祭賞を度々受賞。43年、紫綬褒章。45年、芝居噺の記録映画の収録を開始。49年、勲四等瑞宝章。55年、林家正蔵の名を返し、林家彦六と改名。

正蔵の弟子の林家木久扇(きくおう)が[注1]「**林家彦六伝**(はやしやひころくでん)(彦六おおいに笑う)」でそのエピソードを綴っているほか、一門はじめ正蔵を知る多くの人が、明治の頑固一徹な落語家について、おもしろおかしく語っている。

筆者が好きなエピソードは、新幹線で地方に行く時、指定席券があるのに、発車の三時間以上前に東京駅に行って待っていることだ。弟子は大変だ。それに付き合わなければならない。たまりかねて、「せめて一時間前にしましょう」と言ったら、「馬鹿野郎、新幹線は早いんだ」。

電車のダイヤなんて遅れることはあっても、早く出ることはあるまい。だが、大正～昭和初期の列車は早く出ることもあったのだろう。同じエピソードは、正蔵と同じ年齢の、新内の岡本文弥(おかもとぶんや)[注2]にもあったそうだ。

筆者は正蔵の高座は、亡くなる少し前からだが、ずいぶん見ている。しかし、直接お話をしたことはないが、百歳まで生きた岡本文弥とは親交があったので、その年代の芸人の雰囲気というのはわかる気がする。

筆者がはじめて寄席に行った時のトリが正蔵だった。ネタは「**中村仲蔵**(なかむらなかぞう)」。

下役から名題となった歌舞伎役者の中村仲蔵だが、もらった役が「仮名手本忠臣蔵、五段目」の斧定九郎。山崎街道で、与市兵衛を殺害して懐の五十両を奪うも、猪と間違われて射殺される山賊の役だ。つまんない役。しかも、「五段目」というのは、「四段目」が判官切腹という前半の山場。それが終わって、客は弁当を食べ始める、弁当幕と言われる場面。弁当幕の脇役を当てられた仲蔵だが、妙見様に願を掛けて役を工夫し、見事喝采を受けるという話。

斧定九郎は、斧九太夫という塩冶家（「仮名手本忠臣蔵」の登場人物、塩冶高貞（判官）の家。モデルは浅野内匠頭。）の家老の息子。それが家が断絶して山賊に落ちぶれた。落ちぶれたとは言っても家老の息子だから、夜具縞のどてらを着て山刀を持った山賊じゃない。黒紋付で白塗りの、そういう定九郎を演じたのだ。

「仮名手本忠臣蔵」は赤穂浪士の事件が題材。幕府の検閲を憚り、「太平記」の時代に置き換えたが、実は赤穂浪士の話だと言うのは皆、知っていた。主人公の大星由良之助は実は大石内蔵助。忠義の家臣の内蔵助の話だから「忠臣蔵」。

たが、「五段目」「六段目」の主人公は、定九郎を誤射した勘平。塩冶の家臣だが、討ち入りに加われなかった男の話で、そして、定九郎もまた、塩冶の家臣なのに討ち入りに加わらなかった。討ち入りに加わらなかった者たちの話を描いたのが「仮名手本忠臣蔵」でその人物をイキイキ蘇らせたのが仲蔵だ。

落語っていうのは馬鹿馬鹿しいだけじゃない。物語やら、深い部分を聞かせてくれることもある。そういう落語を聞いて、落語が好きになる。

一方で、正蔵も馬鹿馬鹿しい落語をよくやっていた。寄席で聞いたのが「**しわい屋**」、ケチの噺。ホールでは「**伽羅の下駄**」だとか、「**あたま山**」なんていう噺も聞いた。「**伽羅の下駄**」は、もらった下駄が高価で買い取られ、思わぬ大金が入った夫婦が「きゃらきゃらきゃら」「げたげたげた」と笑うというのが落ちだが、実は「伊達騒動」のスピンオフ物語。

新作は芸道ものをよく掛けていた。「**二つ面**」なんていう不思議な噺を聞いている。

「**牡丹灯籠**」は寄席のトリでも聞いたが、プーク（人形劇の劇団。昭和四年創立。南新宿に劇場があり、落語との関わりも深い。川尻泰司・演出の「牡丹灯籠」には八代目林家正蔵も出演した。）で人形劇と共演したのが印象的だった。

聞いたのは晩年だから、あのゆっくりした調子だけれど、よくよく聞くと、おかし味と深みのある高座が、楽しかった。

CDは、「ビクター落語　八代目 林家正蔵1「中村仲蔵・火事息子・一眼国」」が公益財団法人日本伝統文化振興財団から出ており、「**中村仲蔵**」は、昭和40年3月31日の東宝演芸場でのもの。

注1：落語家。八代目林家正蔵門下。「笑点」（NTV系）で人気。新作落語「林家彦六伝」の他、三代目桂三木助や正蔵の薫陶を受けた古典を口演。昭和12〜。

注2：新内演奏家。古曲の伝承と、新作の創作で新内の普及に活躍。代表作「文弥ありらん」「今戸心中」など。101歳まで現役で活躍したが、生涯はかなりデインジャラスだった。明治28〜平成8。

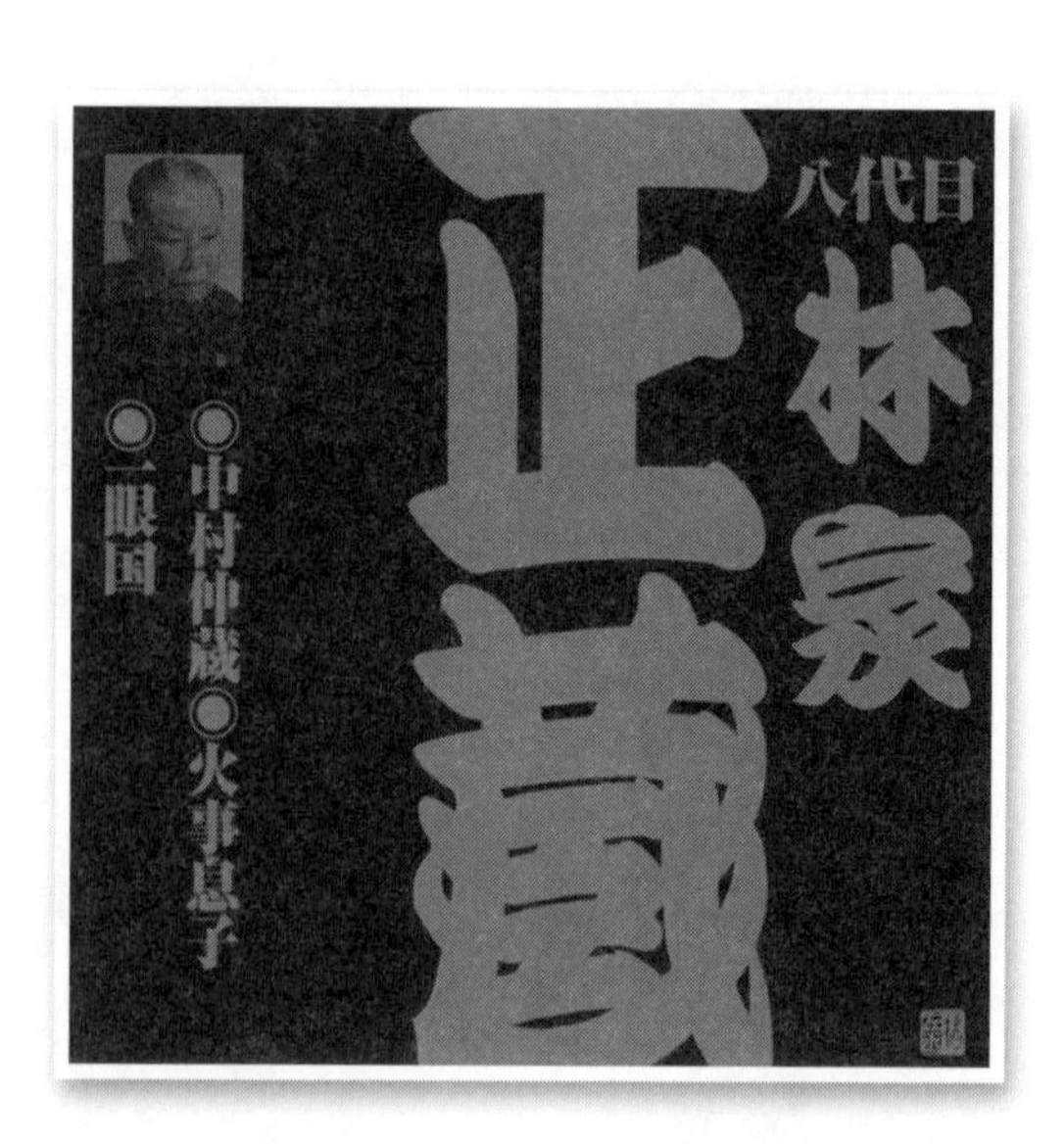

ビクター落語「八代目林家正蔵」
1「中村仲蔵・火事息子・一眼国」
（提供：日本伝統文化振興財団）

Rakugo Master Number 12

五代目 古今亭今輔「お婆さん三代姿」

明治31（1898）年6月12日〜昭和51（1976）年12月10日

群馬県佐波郡（現・伊勢崎市）出身。大正2年に上京し、呉服屋に奉公するが、商品の偽装販売をしていたのを指摘し、退職。以後、さまざまな店を転々とし。3年、初代三遊亭圓右に入門し、三遊亭右京。圓右の息子、二代目小圓右が我侭で喧嘩し、兄弟子の初代右女助門下に移る。6年、二ツ目で桃助。三代目柳家小さん門下に移り、四代目柳家小山三となる。この頃、二代目三遊亭圓楽（一朝）のもとに稽古に通う。12年、真打昇進。この頃から新作落語をやりはじめる。14年、三代目三遊亭圓楽（八代目林家正蔵）らと「落語改革派」を旗揚げするも解散。二代目桂小文治門下に移籍。柳家金語楼のアドバイスで、お婆さんが出て来る新作を口演、金語楼作品を手掛ける。昭和5年には、金語楼、六代目春風亭柳橋らの日本芸術協会に参加。6年、三代目桂米丸を襲名。16年、五代目古今亭今輔を襲名。お婆さん落語で活躍する一方、一朝より習った圓朝ネタも手掛けた。48年、勲四等瑞宝章。49年、落語芸術協会会長に就任。胃潰瘍で死去。

新作落語、お婆さん落語で活躍。筆者は今輔がなくなる少し前に、寄席で見た。

今輔は群馬の出身で上州訛があった。現代では、言葉のイントネーションの差異はさして気にならないところだが、まだ江戸が色濃く残っていた大正時代の東京では、江戸っ子の噺を演じる落語に訛は致命傷だった。職人や遊女の噺は出来ない。そこで活路を見出したのが新作落語だ。会社員や主婦なんかが出て来る噺である。会社員なら多少訛ったっておかしくはない。しかし、新作落語は茨の道だった。寄席で受けても評価は低く、寄席でも古典が重宝される。評価を低くさせているのは評論家という類の人たちだ。当時の評論家のやり方は比較評論だ。昔の○○に対し、今の△△はきちんと芸を継承しているとか、こういう工夫をしているとかで評価する。新作は比較する昔の○○がないから、評論が出来ないのだ。だから、否定し、けなす。

新作落語を否定する評論家に対して、今輔は言った。

「古典も出来た時は新作だ」。

そうなんだ。明治時代の落語中興の祖で名人と言われている圓朝も新作派だった。圓朝の弟子、圓遊(えんゆう)[注1]は「**船徳**(ふなとく)」や「**野**(の)**ざらし**」を今日のような面白い噺に改作した。古典派の落語家たちは、圓遊の改作した噺を演じて高い評価を得ている。新作は内容を聞かせなければならない。内容が面白いかどうかが勝負なのに、評論家の目は、昔の○○との比較しかない。

今輔のお婆さん落語が開花したのは戦後で、価値観の変化が今輔のお婆さんのキャラクターを色濃く印象づけ、爆笑を生んだ。女性と靴下が強くなったと言われる時代に、とりわけお婆さんは強かった。

金語楼（有崎勉）、鈴木みちをらがお婆さんネタを書いた。今輔自作もある。お婆さん落語の代表と言えば、正岡容が書いた「**お婆さん三代姿**」だろう。

少し昔のお婆さんの口癖は「昔はよかった」。文明開化の時代の忙しない世相は嫌だ、江戸時代は風情があってよかったと言う。聞いている娘はあきれるが、この娘が50年経つと立派なお婆さん。現代の世相を嘆き、明治の頃はよかったと言う。聞いている娘はあきれるが、この娘が50年経つと……。

作者の正岡容は、酒と女と寄席をこよなく愛した無頼作家で知られる。寄席芸能研究家としても、多くの著書を残す。今輔とは米丸時代からの付き合いである。「吹けよ風、あがれよ簾、中のお客の顔見たや」なんという粋な文句と、一銭蒸気のボボボボッ、などという対比がなんともおかしくもの哀しい。

今輔は若い頃は苦労した。呉服屋に奉公していた頃、偽装商品を摘発して上司と喧嘩、ようするに不正が許せない。正義の人だ。だから、トラブルを起こす。不正するほうが悪いのだが、世の中は「長いものに巻かれろ」が罷り通る。落語家になってからは、上州訛や、新作の不当な評価で苦労した。落語協会の幹部にもの申し、落語改革派をともに旗揚げしたのは、同じく正義の人の八代目正蔵(しょうぞう)だ。やがて、今輔はお婆さん落語で開花し、最後は落語芸術協会の会長にまでなった。

今輔の名語録に、「昔はよかった、なんて言ってはいけません。今がいちばんいいんです。明日はもっとよくしなければいけない」

苦労を重ねた今輔ならではの名言である。

CDは、「特撰 五代目 古今亭今輔」がエニーより出ていて、「**お婆さん三代姿**」はディスク4に収録されている。

注1：初代三遊亭圓遊。落語家。鼻の圓遊、ステテコの圓遊と呼ばれた。明治初期の四天王の一人でステテコ踊りで人気。「船徳」「野ざらし」などを今の形に改作した。嘉永3〜明治40。

「特撰　五代目古今亭今輔」

４「旅行日記・ハワイのお婆さん・取り継ぎお婆さん・
座談会・お婆さん三代姿」

（発売元：エニー）

Rakugo Master Number 13

九代目 桂文治「今戸焼き」

明治25（1892）年9月7日～昭和53（1978）年三月八日東京、日本橋小伝馬町の生まれ。家業は魚屋。中学を中退し、家業を手伝いながら、天狗連で高座に出ていた。大正4年、四代目橘家圓蔵に入門し、橘家咲蔵。7年、七代目翁家さん馬（八代目桂文治）門下に移り、翁家さん好。巡業に出て大坂に流れ着き。二代目桂三木助の世話になり、桂三木弥を名乗る。帰京し、桂文七と改名。14年、真打昇進し、柳家さん輔。九代目翁家さん馬を経て、昭和35年、九代目桂文治を襲名。51年脳溢血で倒れ、二年の闘病の後死去。

八代目林家正蔵と同じ長屋に住んでいた。40年代後半頃、落語界の長老で、「岸田今日子（あるいは若尾文子）はスケベそうな顔」「最近の歌でりんごの唄」など、アナクロ的なフレーズがコアなファンに受けていた。仇名は、本名の高安留吉から留さん。留さん文治としてファンに親しまれた。

「留さん」、って呼び方が、いかにも落語の登場人物のようで親しまれる。

芸風はいたって軽妙。英語のフレーズや、超アナクロなおかしなクスグリが飛び出す。昭和30年代半ばも過ぎているのに、「最近の歌謡曲」と言って「りんごの唄」と言うあたり、ズレを感じずにはいられないのだが、「りんごの気持ちはよくわかるって、そんなの食べてみねえとわからない」で、客席を笑わせる。あるいは、「エデンの東のほうへ行け」とか、「岸田今日子[注1]（あるいは若尾文子[注2]）はスケベそうな顔。私はああいう女が大好き」とか。寄席っていうのは、おじいさんが柄に似合わない新しいことや、ちょっとズレた古いネタを言うのがなんかおかしかったりする。おかしなクスグリが飛び出したって、文治の落語には江戸っ子や江戸の面影が伝わる。それは、思わずホッとするような寄席の楽しみでもある。

九代目文治のおなじみのマクラ、映画に行く家庭と、寄席に行く家庭では、寄席に行くほうが家庭円満である。「家へ帰って、私の顔を思い出して旦那の顔と比べて御覧なさい」。

立川談志（たてかわだんし）が文治の顔を説明してくれている。

「いい顔である。これまた庶民の、江戸っ子の顔だ。それもどっか飄々としていて。もっというと人のいい、もっといやァ間が抜けていて」。（立川談志『談志絶倒昭和落語家

伝』大和書房)

文治は長屋に住んでいた。上野の稲荷町の、八代目林家正蔵(彦六)と同じ長屋。いわゆる落語に出て来る長屋ではない。ちょっと高級な長屋。でも長屋だ。庶民の生活の中で、庶民の笑いを語っていた。庶民なんて言っちゃいけない。文治は「プロレタリア」と言っていた。「こういうと貧乏人の気がしない」だって。

吝嗇家としても知られていた。つまり、ケチ。寄席の出番を浅い時間に代わってもらってスーパーの特売に寄って安いおかずを買って帰ったとか。多少まわり道になっても都電を利用していたとか。勿論間違ってもタクシーなんかは使わないとか、そんな程度のものだ。一方で、慶弔などの義理には多い金額を包んだり、前座などの若手には飯を食わせたりはしていたそうだ。金は限られている。なら、どう使うかが問われる。慶弔などに金を使うのは長屋暮らしの助け合い。やはりそこには江戸の暮らしが垣間見える。

文治のこの一席、なんでもいいよ。何をやっても、そういう江戸の味、おかしみのある落語。あえて一席は「**今戸焼き**」(**映画女房**)にしようか。

男が仕事から帰って来ると女房は外出して、戸は鍵が閉まっている。隣近所の女房連中も揃って外出中。どうやら、女房たちで映画を見に行ったらしい。男は独り、家に入り電気を点けて、火を起こしながら、女房の愚痴をぶつぶつ言う。もともとの「今戸焼」は、女房は歌舞伎に行っていて、帰ってくると「誰々は菊五郎に似ている」とか喋るのを聞いくという話。文治の口演は女房が帰宅する前で終わるが、亭主の愚痴の中で、女房が「近所の誰々は長谷川一夫（はせがわかずお）[注3]に似ているとか、錦之介（きんのすけ）に似ているとか、マーロン・ブランド[注4]に似ている」とか、映画俳優でやる。マーロン・ブランドが出て来るあたりが文治の色合いだ。「俺は誰に似てるんだって聞いたら、高勢実乗（たかせみのる）[注5]だって言いやがった」。高勢実乗は無声映画時代からの映画俳優で、とぼけた顔と、「アノネ、おっさん、わしゃ叶わんよ」のギャグで一世風靡した。脇役で出て来ては「アノネ、おっさん」の一言だけで客席を爆笑に包んでいた。昭和40年代になると、流石に高勢実乗では古いから、渥美清（あつみきよし）[注6]でやっていた。渥美清も亡くなって随分になる。昭和は遠くなった。

注1：女優。父は作家の岸田國士。舞台、映画で活躍。テレビアニメ「ムーミン」の声や、テレビドラマ「傷だらけの天使」などで人気。昭和5～平成18。
注2：女優。日本を代表する美人女優として、増村保造監督などの映画に多く出演。夫は建築家の黒川紀章。昭和8～。
注3：俳優。日本を代表する二枚目スターとして、３００本以上の映画に出演。代表作は「銭形平次捕物控シリーズ」「雪之丞変化」など。明治41～昭和59。
注4：俳優。ハリウッド映画で活躍。代表作「欲望という名の電車」「地獄の黙示録」「ゴッド

ファーザー」など。１９２４〜２００４。

注５：俳優。「あのね、おっさん」の流行語でおなじみ。喜劇俳優として多くの映画に出演。山中貞雄監督「河内山宗俊」では松江藩士役で出演している。明治30〜昭和22。

注６：俳優。映画「男はつらいよシリーズ」（山田洋次ほか監督）の車寅次郎役で国民的俳優として親しまれた。昭和３〜平成８。

Rakugo Master Number 14

三代目 三遊亭小圓朝「のめる」

明治25（1892）年8月8日～昭和48（1973）年7月11日
東京下谷に生まれる。祖父は三遊亭圓麗、父は二代目三遊亭小圓朝、三代に渡る噺家。明治40年、父の門下となり、三遊亭朝松。父の元で修業し、明治41年、二ツ目で、小圓治。大正6年、真打昇進し、二代目橘家圓之助。11年、四代目三遊亭圓橘、昭和2年、三代目三遊亭小圓朝を襲名した。戦中に、船遊亭志ん橋と改名するが、戦後、小圓朝に戻る。晩年、東京大学の落語研究会の講師となり、山本進、保田武宏ら多くの落語研究家を育てている。42年、脳溢血で倒れ、高座に戻ることなく死去した。

幼い頃、父に連れられ、三遊亭圓朝（えんちょう）の家に挨拶に行った。その時、圓朝から「噺家にむいている」と言われたそうだ。噺家になってからは、四代目橘家圓喬（たちばなやえんきょう）[注1]、四代目橘家圓蔵（えんぞう）[注2]、三代目柳家小（やなぎやこ）さんからも薫陶を受けた。

江戸前の口調と、絶妙な間で、落語の面白味を聞かせる。淡々とした語り口には派手さはないが、玄人や通には好まれた。折り目の正しい、基本に忠実な落語を演じ、多くの若手に稽古を行い、落語の継承に務めた。

そういう形のきちんとした落語はインテリに好まれ、東京大学の落語研究会の講師にも招かれている。戦後復興の時代から令和の今日まで落語を見続けている山本進[注3]や保田武宏[注4]といった研究者が小圓朝の薫陶を受けている。

小圓朝の得意な演目は、「**二番煎じ**（にばんせんじ）」「**千早振る**（ちはやぶる）」「**あくび指南**（しなん）」「**権助提灯**（ごんすけちょうちん）」「**笠碁**（かさご）」「**しわい屋**」など。

この一席は何にしようか。「**のめる**（**二人癖**（ににんぐせ））」をCDで聞いて面白かった。

「**のめる**」は言葉の癖をテーマにした落語。またの題を「**二人癖**」。昔からある小品の噺で、今でも時々寄席などで聞くことが出来る。言葉の癖がキーだから、一つ一つの科白が重要で、短い噺ながらも、丁寧さが求められる。小圓朝にぴったりのネタだ。

ちょっと皮肉な人で、「つまらねえ」という口癖の人は今でもいそうだ。頭が良過ぎて、先が読めてしまったり、バカ騒ぎみたいなものも心底楽しめなかったりする人に多い。一方の「のめる（呑める）」が口癖の男は、酒が飲めそうな気配を感じると、「のめる」と言ってしまう。いたってお調子者なのであろう。その人間の対比が面白い話でもある。

「つまらない」と「のめる」が口癖の男たちが、お互いの癖を直そうと、「つまらない」「のめる」を言ったら罰金という約束をする。「のめる」の男は、「つまらない」の男をなんとかギャフンと言わせてやりたいので、隠居に相談する。

手に糠を塗って「つまらない」の男の家に行き、「練馬の親戚から大根百本もらった。これを醤油樽に入れようと思うが詰まるか」。小さな醤油樽に大根百本なんか入るわけがないので、「そんなもの、つまらない」と、思わず言いそうになるが失敗。くやしいってんで、ふたたび隠居に知恵を借り、詰め将棋で挑む。

「つまらない」のちょっと頭のいい男に、「のめる」のお調子ものはいいようにあしらわれるのであるが、「つまらない」の男もつまらなそうな顔をしながら、案外このゲームを面白がっているのがわかる。

練馬大根は、東京練馬で生産されている大根。長さ70㎝～1ｍと通常の大根よりもデカイ。沢庵にするのに適しているらしい。練馬の名物にもなっている。醤油樽は、いまでも居酒屋などで椅子の代わりに置いてあったりする小さな樽。あれでは大根百本は詰まらない。

圓朝、四代目圓喬、四代目圓蔵、三代目小さんら明治の名人の薫陶を受けた昭和の名人、小圓朝の薫陶を、多くの落語家、そして、研究者たちが受け継いでいる。落語は落語家の個性や、時代の流れの中で変わってゆくものだけれど、江戸や明治の空気は、根底の部分で伝えられているものなのだろう。

注1：落語家。三遊亭圓朝門下。第一次落語研究会に参加。「鰍沢」「三軒長屋」などを得意とした。慶応元〜大正元。

注2：落語家。品川の圓蔵と呼ばれた。四代目三遊亭圓生門下。第一次落語研究会に参加。「弥次郎」「蔵前駕籠」などを得意とした。元治元〜大正11。

注3：落語研究家。東京大学卒業後、NHKに勤務しながら落語の研究を行う。六代目三遊亭圓生の聞き書き、「圓生全集」を編纂。著書「落語の歴史」など。昭和6〜。

注4：落語評論家。東京大学卒業後、読売新聞で芸能記者として活躍。定年後、演芸評論家として多くの芸人を支援。著書『ライブラリー落語事典』など。昭和10〜。

Rakugo Master Number 15

三代目 桂三木助「芝浜」

明治35（1902）年3月28日～昭和36（1961）年1月16日

東京湯島の生まれ。大正7年、春風亭柏枝（のちの六代目春風亭柳橋）に入門し、春風亭柏葉。10年、二ツ目で、春風亭小柳。大阪へ行き、二代目桂三木助門下となり、桂三木男。昭和2年、東京へ戻り、春風亭橋之助、真打昇進し、四代目春風亭柳昇。7年、五代目春風亭小柳枝に改名。12年、舞踊家に転向。しかし、戦争の激化で舞踊家では生活出来ず落語家に戻り、二代目橘ノ圓となる。24年、六代目柳橋の推薦でNHK「とんち教室」のレギュラーとなり、「とんち教室の圓さん」で全国的な人気となる。25年、三代目桂三木助を襲名。安藤鶴夫が三木助を高評価し、29年、「芝浜」で芸術祭奨励賞を受賞。八代目桂文楽を尊敬し、六代目柳橋と袂をわかち、芸術協会から落語協会に移籍。胃癌で死去。その死の様子は、安藤鶴夫の小説『三木助歳時記』に記されている。

若い頃は無頼の徒と交わり、「隼の七」と呼ばれていた。五代目柳家小さんとは親友。

昭和29年、文部省の芸術祭で、三代目桂三木助は「**芝浜**（しばはま）」を口演し、奨励賞を受賞した。大賞を受賞したのは八代目桂文楽の「**素人鰻**（しろうとうなぎ）」だが、戦後はじまった芸術祭の第9回目ではじめて落語が受賞した。芸術際を受賞したからと言って、落語の何かが変わるわけではないが、それまで落語に関心のなかった人で目を向けた人は多くいたし、寄席の娯楽だった落語を「笑いのある芸術鑑賞」「大人の笑い」と捉えた人たちもいたのだろう。

さて、「**芝浜**」だ。

「昔は隅田川で白魚が採れたそうですな」というマクラが、三木助の「芝浜」では印象的だ。

今でこそ「**芝浜**」はおなじみの落語。年末になれば必ずどこかで聴くことができる。「**芝浜**」を聴かなきゃ年が越せないという落語ファンもいる。若手落語家でも「**芝浜**」をいつかはやりたい、なんて思って稽古している人もいる。

酒に溺れた魚屋、再起を賭けて芝の河岸へ行くが、女房が時刻を間違えたため、まだ誰もいない。仕方がないので浜に降りて、海の水で顔を洗っていると、海中にずっしり重い財布を見つけた。拾って家に戻ると大金。明日から遊んで暮らせると、一寝入りし、翌日、友達を呼んでドンチャン騒ぎ、酔っ払って寝た翌日、女房に拾った財布を出せと言うと、財布なんて拾ってない、お前さんは河岸にも行っていないと言う。女房は「夢を見たんじゃないか」と言う。財布を拾ったのが夢で、ドンチャン騒ぎが現実だった。魚屋は「情けない夢を見た」と、酒を断って再起のため働く。三年後、借金も返し、のどかな大晦日を迎える夫婦、女房は財布を出し、夢ではなかったと告白する。

「**芝浜**」は三遊亭圓朝・作の三題噺ということになっているが証拠はない。圓朝系だけでなく、柳派の人もやっていて、三木助は四代目柳家つばめ[注1]に習ったという。

たが、「**芝浜**」を多くの落語家がやり出したのは、三木助が芸術祭賞を受賞したからだ。それまではそんなにポピュラーなネタではなかった。

三木助の「**芝浜**」は残っている音は一本だけ。三木助の「**芝浜**」には、いまの落語家がやるような愁嘆場は見せない。実にさらりと、粋な「**芝浜**」。「**芝浜**」が濃い噺になったのは、談志や五代目圓楽からだろう。

三木助の聞かせどころは、前半の芝の浜、朝の景色の描写、そして、中半、「財布を拾ったのは夢」と女房に言われた時、あまりの情けなさに「オッカア、死のうか」ともらす一言の説得力は、愁嘆場を聴かせるよりも重いものがある。

一本しかない三木助の「**芝浜**」、拾った財布の中身の金額を「82両」と言っているが、ちょっと多くないか。たいていの「**芝浜**」では50両、45両、42両くらいの金額だ。宇都宮の落語作家、清水一朗(しみずいちろう)注2が三木助に「何故、82両なんですか」と聞いたら、三木助は一言、「間違えただけ」と答えた。

「**芝浜**」の他は、「**へっつい幽霊**(ゆうれい)」「**崇徳院**(すとくいん)」「**ざこ八**(はち)」なんかが面白い。「**へっつい幽霊**」は博打の壷を伏せる場面の仕草が迫真だったというが、これは若い頃、ホントに壷をふった経験があるからだと言われている。「**近日息子**(きんじつむすこ)」で「イーピンは通ってもスーピンが通るとは限らない」なんて言うと、学生にワーッと受けた、と山本進(やまもとすすむ)は言っていた。当時の学生はほとんど麻雀をやっていたのだろう。そういうサービス精神もあったに違いない。八代目桂文楽を尊敬し、安藤鶴夫の指導で「**芝浜**」を作り上げたと言われているが、やはり、落語家的なおかしさがあっての三木助なのだろう。

音源は、昭和29年12月30日にＮＨＫラジオで放送されたもののみ。その録音をもとに各社からＣＤが発売されている。

注１：落語家。「清正公酒屋」「芝浜」などを得意にしていた。明治28〜昭和36。
注２：落語作家。宇都宮市役所に勤務しながら、「宇都宮落語を聴く会」を主催、古典風な落語を多く執筆。歌舞伎に造詣が深い。代表作「鬼の涙」など。昭和９〜。

Rakugo Master Number 16

五代目 柳家小さん「禁酒番屋」

大正4（1915）年1月2日～平成14（2002）年5月16日

生まれたのは長野だが、一家で東京に出て、浅草で育つ。小学校のころより剣道に親しむ。東京市立商業中退。昭和8年、四代目柳家小さんに入門し、柳家栗之助。11年、陸軍歩兵第三連隊に入隊するが、2月24日に二・二六事件が起き、上官に命じられるまま反乱軍に加わることになる。14年、除隊し、二ツ目となり、柳家小きん。18年、2度目の召集を受け、前線で戦う。21年、復員。22年、真打昇進し、九代目柳家小三治。この頃、正岡容の協力を得て、椙の森神社で独演会を開催、めきめきと実力をつける。25年、五代目柳家小さんを襲名。47年、落語協会会長就任、会長は平成8年まで24年間務める。昭和52年、落語協会を社団法人とする。55年、紫綬褒章、60年、勲四等旭日小授章、平成7年、落語界初の重要無形文化財（人間国宝）に認定。心不全で死去。

剣道は、北辰一刀流で、藩士七段、目白の自宅には道場も構えていた。

「狸を演じる時は狸の了見になれ」。

小さんが言ったとされる。ホントに言ったのか。小さんの自著か、記者のインタビューに答えてか、何かの時にもらした一言を評論家が記したのか、あるいは弟子に稽古をつけている時に言った一言かもしれない。あるいは、「人物の了見になれ」と言ったのを、小さんの得意ネタに「狸(たぬき)」があるところから、誇張して面白くするために、弟子が「狸の了見」と言ったのかもしれない。落語家というのは時として、そういう悪戯をする。

だが、やはり「狸の了見」というのは小さんの口から出た一言だと思う。了見になるのが、八つぁんや熊さん、人物でなく、「狸」というのが小さんらしい面白い表現だ。

小さんはそうした演技法を手とり足とり弟子に教えていたわけではない。「了見になれ」という基本を教えたら、あとは「芸は盗め(見て覚えろ)」と教えた。それは四代目小さんからの教えでもあり、小さん自身が若手の頃、そうやって覚えて来たという経緯がある。

小さんの入門は昭和8年。前座修業中の昭和11年に兵役に就き、ご存じ二・二六事件に巻き込まれる。上官に命じられるままに出撃し、気がついたら反乱軍の側にいたという話だ。14年除隊し二ツ目、だがすぐに太平洋戦争が勃発、18年に再徴兵されて前線で戦う。小さんは修業時代の多くの時間を軍隊で過ごした。復員後、真打昇進し九代目小三治となるが、その間の落語への取り組み方は貪欲であった。修業の時間を軍隊にとられたことは口惜しかったに違いない。椙の森神社で「小三治を育てる会」を定期的に開催、正岡容ら多くの評論家の意見も聞いている。小さんの当時の高座を学生だった山本進は客席から見ているという。「小三治から小さんになって、3、4年くらい、その間の進歩ってものは凄かった。聞く度に、長足の進歩でうまくなる。伸び盛りの芸を見聞きすることほど幸せはありません」(「民族芸能を守る会会報、人形町末広は寒かった4」)。

小さんの世代の落語家は少なく、そこに小さんがいたから、古典落語が千切れることなく現代に受け継がれたと言っても過言ではない。その意味でも、小さんの存在は大きい。

小さんの一席、いろいろあるよね。「狸」でもいいし、「**粗忽長屋**」「**大工調べ**」もいいし、与太郎ものも「**道具屋**」「**ろくろ首**」「**かぼちゃ屋**」、小さんの与太郎ものは与太郎でなく松公って名前だ。昔、松公っていうマヌケな奴がいたって。実際に知っている松公のほうが了見になりやすいんだろうが、松公はいい迷惑だ。

酒の話もいい。「**親子酒**」「**猫の災難**」「**試し酒**」など。

やっぱり一席だと「**禁酒番屋**」か。

酒で間違いが起こった藩で禁酒の令が出て、城に番屋が出来て、酒の持込が禁じられた。酒飲みの武士が困ったが、もっと困ったのは出入りの酒屋。酒豪の近藤某に寝酒を届けろと言われ、小僧たちは番屋の役人を騙そうと四苦八苦。

嘘は見抜かれ、没収された酒を役人が「調べ」だと言って飲みはじめる。役人がだんだん酔ってゆくのが小さんの至芸。まさに酔っ払いの了見。最初は任務だけれど、役得で飲み出す役人、最後はどうでもよくなる。

武士の折り目正しさも小さんはうまいが、それがグズグズになる。小さんは剣士だから、武士の了見は腹にある。北辰一刀流、坂本龍馬(さかもとりょうま)[注1]や山南敬介(やまなみけいすけ)[注2]、山岡鉄舟(やまおかてっしゅう)[注3]と同じ流派。落語協会会長の「圓朝忌(えんちょうき)」の挨拶で、圓朝の話より、同じ寺に墓所がある山岡鉄舟の話のほうが長かった。

注1：幕末の武士。海援隊を結成し、薩長同盟を段取り、明治維新の原動力として活躍するが、暗殺される。司馬遼太郎「龍馬が行く」で知られる。天保6～慶応3。

注2：幕末の武士。新撰組の結成者の一人。土方歳三と対立し、脱走で処断される。天保4～元治2。

注3：幕末の武士。勝海舟らとともに、薩長の江戸攻撃を回避させる。明治以降は政府の官僚となる。三遊亭圓朝や清水次郎長とも交流があった。天保7～明治21。

Rakugo Master Number 17

二代目 桂枝太郎「ホームの駅長事務室」

明治28（1895）年5月7日〜昭和53（1978）年3月6日

東京、日本橋石町に生まれる・青山学院から、明治薬学校（現・明治薬科大学）中退という、かなりのインテリである。大正6年、三代目古今亭今輔に入門するが、古蔵宝輔という名をつけられ落胆して辞める。しかし、落語家への道が諦められず、六代目雷門助六に入門し、雷門雷好。六代目春風亭柳枝門下に移り、春風亭枝好、旅回りの一座に入り、三代目春雨家雷蔵、昭和13年、帰京し、二代目桂小文治門下となり、初代桂小金治。18年、真打で、二代目桂枝太郎を襲名。「自家用車」（作・鈴木みちを）などの新作落語や、「十代の抵抗」など漫談的なネタを得意とした。

東京には、現在、寄席が4軒ある。寄席とは毎日、落語や色物で公演を行っている劇場。上野・鈴本演芸場、新宿・末広亭、浅草演芸ホールに、池袋演芸場だ。一番新しいのが浅草演芸ホールで、昭和39年の開場だ。54年に国立演芸場が出来た。

それ以前、昭和28年頃には、東京と近郊には、もう少し寄席があった。鈴本演芸場、新宿・末広亭、池袋演芸場に、人形町末広、十番倶楽部（麻布十番）、浅草末広、立花演芸場（神田）、川崎演芸場の8軒。

立花演芸場が昭和29年11月に廃業、30年に十番倶楽部が幕を閉じた。浅草末広は、国際通りの現在は三平ストアのあるところにあったらしいが、30年閉館。

川崎演芸場は、上の階にローラースケート場が出来てしまい、ガーガーゴーゴーうるさくてたまらない。落語なんか聞いてられないと廃業。

その後、横浜・相鉄演芸場、目黒名人会なども出来るが、5年～10年くらいで終わる。そして、昭和40年には、人形町末広が幕を閉じた。

昭和30年代は、寄席受難の時代だった。浅草末広が幕を閉じた後は、浅草から落語の寄席の灯が消えていた（演劇と色物の松竹演芸場や、安来節の木馬館はあった）ところへ、昭和37年に浅草演芸ホールが開業した。

浅草演芸ホールを経営するのは、東洋興行。ストリップ劇場などを経営していて、今の浅草演芸ホールは、上の階は色物の寄席の東洋館だが、かつては、フランス座というストリップ劇場だった。渥美清や谷幹一[注1]、コント55号、ビートたけし[注2]らスターたちが修業時代を過ごした劇場だ。

東洋興行ははじめ、いまの建物にストリップ劇場を2軒入れる予定だったが、「同じような劇場を2軒作ってもしょうがない。1軒は寄席にしてくれないか」と声を掛けたのが、枝太郎だった。

寄席の話じゃなくて、枝太郎の話だよ。

はじめは増築したフランス座でやっていた寄席が、昭和46年に一階に移り、確かに寄席受難の時代だったが、53年には、八代目雷門助六や古今亭志ん朝らが協会の枠を越えて住吉踊りを公演し、浅草の風物詩となり盛り上げ、テレビ中継なども行われ、お客さんも定着している。寄席が浅草の名物のひとつにまでなったきっかけは、枝太郎の売込みだった。

枝太郎は新作派として活躍。「**十代の抵抗**」など漫談的なネタも得意とした。楽しいネタでワッと沸かせる、いわゆる寄席の新作派である。

この一席は「**ホームの駅長事務室**」(作・大野桂)。

桂米丸[注3]らが演じている「**旅行鞄**」が正式なタイトル。「**ホームの駅長事務室**」というタイトルは作者の大野桂は立腹していた。

落語のタイトルは、立前座がネタ帳に記す。新作などのタイトルは実際のタイトルとは別に、立前座の記したタイトルのほうがフィットする場合がある。川柳川柳[注4]の「**ガーコン**」、三代目三遊亭圓歌「**G&G（中沢家の人々）**」、三笑亭笑三「**冬のソナタ（間違い）**」などだ。

「**旅行鞄**」もタイトルが二つあるということだ。旅行鞄を忘れた夫婦がホームで右往左往し駅長事務室に駆け込む、「**旅行鞄**」でも「**駅長事務室**」でもいいな。一般の人が旅行に行くようになった昭和29年には、旅慣れずに右往左往する人も多くいたのだろう。

注1：俳優。ムーランルージュ、フランス座を経て、テレビドラマなどの脇役で活躍。「月光仮面」「大岡越前」「細腕繁盛記」などに出演した。昭和7～平成19。

注2：お笑いタレント、俳優、映画監督。漫才ツービートで活躍後、お笑いタレントとしてテレビの笑いを牽引。映画監督「北野武」として世界的に活躍。昭和22～。

注3：落語家。五代目古今亭今輔門下。昭和20年代から新作落語のプリンスで活躍。現在落語家最高齢で高座に上がっている。代表作「ジョーズのキャー」など。大正14～。

注4：落語家。六代目三遊亭圓生門下。三遊亭さん生時代に、ギターを弾きラテンを高座で歌い人気。「ジャズ息子」「ガーコン」などの新作落語で活躍。昭和6～。

Rakugo Master Number 18

六代目 三升家小勝（みますやこかつ）「水道（すいどう）のゴム屋（や）」

明治41（1908）年8月3日～昭和46（1971）年12月29日

東京本所の生まれ。電気学校（現・東京電機大学）卒業後、東京市水道局に勤務。兵役の後、自分の進む道を落語に定め、昭和5年、八代目桂文楽（かつらぶんらく）に入門し、桂文中（ぶんちゅう）。6年、二ツ目で、桂文七（ぶんしち）。11年、レコードに吹き込んだ「水道のゴム屋」がヒット。以後、小勝が高座に上がると、「ゴム屋」と掛け声が掛かった。12年、真打昇進で、二代目桂右女助（うめすけ）を襲名。寄席とレコードで人気を博す。戦中は召集され、戦地へ赴く。戦後も新作を中心に活動しつつも、古典落語に力を注ぎ、「佐々木政談」「壷算」などを得意とした。31年、六代目三升家小勝を襲名。41年、脳溢血に倒れる。師匠の文楽が亡くなると、あとを追うように亡くなった。

小勝のこの一席は「**水道**（すいどう）**のゴム屋**（や）」。

「水道のゴム屋あっさり断わられ」なんていう川柳があるって。

戦前は、十二、三歳の小僧が、「水道のゴム、水道用具一式」と書かれた赤いリヤカーを引いて、水道のゴムを売って歩いたそうだ。

水道のゴムってなんだ？　ようはゴムホース。昔は家庭に水道の蛇口なんて一個か二個しかない。だから、ゴムホースで、蛇口のない部屋や、庭に水撒くなんていう時に用いた。そのゴムホースを小僧が売って歩いた。売れるわけないね。

売れないものをなんで売るんだろう。おそらく、現代のさお竹屋とかと同じなんじゃないいか。

最初の客が笑うよ。「俺に恥をかかせやがったな」と怒り、決定的な一言。「俺の家には水道がない」。そら、水道がなければ、ゴムホースはいらない。昭和のはじめは水道のない家もあったのだろう。昭和のはじめというか、30年代の我が家も、実はポンプ式の井戸だった。水道はすぐに引かれたが、隣家の勝手口に井戸があり、夏場など、井戸水で西瓜を冷やしたことなども思い出される。

その後も耳の遠いお婆さんとか、夫に嫉妬する奥さんとか、おかしな客ばかりで、ゴムホースはなかなか売れない。

ゴムホースは売れないが、落語はレコードで売れた。なんとなく、当時の新しい言葉が出て来るが、売って歩く小僧と長屋の人たちという、古典落語の「**豆屋**(まめや)」とか「**居酒屋**(いざかや)」とか、そういうシチュエーションがなじんだのだろう。

「**水道のゴム屋**」は「**呼び出し電話**」のように昭和の古典になるんだろうか。「呼び出し電話」もそれほど演じられているネタではないが。なかなか難しいかもしれない。古典に類似ネタがあるのと、やはり、ゴムホースを小僧が売り歩くというのが、ピンと来ないところである。珍品ネタの会とか、昭和新作の会みたいなものがあっておおいに受ければ、あるいは認知されるかもしれないが、どうなのだろうか。

小勝は実はあまり聞いていない。録音で聞いたのは、「**水道のゴム屋**」と「**妻の釣り**(つまのつり)」くらいだ。

「**妻の釣り**」は釣り好きの男が日曜日に釣りに行ってしまうので、奥さんは寂しい。文句ばかり言う妻を連れて渓谷に釣りに出掛けるが、奥さんは釣れて、男のほうはさっぱり釣れない。しかも、釣り初心者の奥さんは餌も付けられない。

「あなた、餌つけて」

夫のほうは苛々つのる。自分は釣れない。妻は釣れる。

「今はいいが、僕が死んだら、誰に餌をつけてもらうつもりだ」

そこまで言うんだ。

漫画チックだが、こういう夫婦は現代でもいるかもしれない。そんな夫婦の悲喜こもごものシュチエーションは「**水道のゴム屋**」よりも面白い。

小勝の口演はリズミカルなのと、おそらくサラリーマンであろう夫と、上品な口調の奥さんが当時の現代的な雰囲気が感じられる。いや、当時の現代的な夫婦に見えて、実はやっていることは、くだらないことを言ったりやったり、「**代り目**（かわりめ）」や「**青菜**（あおな）」の夫婦と変わらないのかもしれない。

ＣＤは、「ビクター落語　六代目 三升家小勝 1「水道のゴム屋・三国誌・近江八景」」が公益財団法人日本伝統文化振興財団から出ており、「**水道のゴム屋**」は、昭和33年4月11日のラジオ放送のものを収録している。

ビクター落語「六代目三升家小勝」
1「水道のゴム屋・三国誌・近江八景」
（提供：日本伝統文化振興財団）

Rakugo Master Number 19

八代目 雷門助六「七段目」

明治40（一九〇七）年4月22日〜平成3（1991）年10月11日

東京本郷の生まれ。父は六代目雷門助六。五歳で、雷門小助六を名乗り、踊りや小噺で寄席の高座に上がる。大正6年、五代目柳亭左楽に入門し、10年、真打昇進し、睦の五郎。昭和3年、雷門五郎と改名。9年、父の死で、落語家を辞め、俳優に転向、雷門五郎一座を結成し一座で全国を巡演、戦中は応召されるが復員後も一座を率いて活動する。31年、八代目桂文楽のすすめで落語家に復帰、落語芸術協会に所属し、37年、八代目雷門助六を襲名した。舞踊を得意とし、寄席で「あやつり」「かっぽれ」「松づくし」などを踊った。ネタも「しらみ茶屋」「七段目」など歌舞伎や舞踊の仕草を取り入れたネタを得意とした。「仕立ておろし」「長短」「相撲風景」などを短くやり、そのあと踊るという高座も多かった。古今亭志ん朝に懇願され、東宝名人会で「住吉踊り」を指導し出演、その後、「住吉踊り」は浅草演芸ホールで公演され、協会の枠を越えて、多くの落語家、色物が出演、夏の風物詩となった。56年、勲五等旭日小受章。大腸癌で死去。

助六が得意ネタの「**七段目**」と「**しらみ茶屋**」で芸術祭賞を受賞したのが昭和61年。その高座を見ている。場所は、今は亡き東陽町の若竹だ。

寄席でも、助六はよく見た。「**相撲風景**」とか軽い噺をやったあと、踊っていた。普通の舞踊じゃない。扇を使った、かなり見せる舞踊で息を飲んだ。もともとの一枚扇は助六の父、六代目が演じて習ったものだが、二枚三枚と扇を増やして曲芸的な見せ場を作ったのは助六だという。舞踊も継承されて進化してゆく。

しかし、派手な曲芸的な技だけでは駄目で、根底にあるのは舞踊の下地だとも言っている。（東京かわら版・昭和61年10月号インタビュー）

高齢で足を悪くされてからは、釈台を前に高座を務めていた。立って踊ることはなくなったが、釈台を置いてからも、「**しらみ茶屋**」のような、落語の中に舞踊が入る滑稽なネタをよく掛けていた。

立ち上がることなく、舞踊の妙技を見せるネタが、「**七段目**」と「**しらみ茶屋**」だった。

「**七段目**」は、歌舞伎大好きの若旦那の噺。父親に怒られ、二階に上がる。父親に命じられて様子を見に行った小僧の定吉も実は歌舞伎が大好き。若旦那と定吉は意気投合、二人で歌舞伎の名場面を再現しようということになり、選んだ芝居が「仮名手本忠臣蔵」の「七段目」。若旦那が平右衛門、定吉がお軽。

平右衛門は塩冶家の足軽、なんとか義士に加えてもらいたいと、一力茶屋にいる大星由良之助に会いに行く。大星は敵の目を欺くため、放蕩をしていた。平右衛門は一力茶屋で遊女として働く妹のお軽と会う。夫の勘平を義士に加える金のため身を売った。しかし、お軽は由良之助に身請けされるという。お軽は塩冶の義士たちの連判状を見てしまったのだ。平右衛門は、口封じにとお軽を斬ろうと決意する。

定吉のお軽は若旦那の妹の着物を着て、若旦那は絶対に抜かないと約束し、本物の刀を腰に差した。芝居が佳境になり、前後がわからなくなった若旦那、「軽、そちの命、兄がもらった」と刀を抜いたから、大変。

歌舞伎の科白、仕草満載の一席だ。昔は歌舞伎の科白を見ているお客さんも知っていたからおおいに受けた。今も歌舞伎ファンは大好きな一席だ。

現代では、春風亭小朝[注1]や林家たい平[注2]が現代の歌舞伎のいろいろを折り込んで演じている。

昭和61年頃だと、やや歌舞伎も低迷していたのか、古典芸能全般がなかなか注目され難い頃だった。

「七段目」は「菅原伝授手習鑑」や「傾城阿波鳴門」、「八百屋お七」など、いろんな歌舞伎の科白が出て来るのが面白味だか、助六はあえてそれらの場面をカット、「仮名手本忠臣蔵」に絞った。「忠臣蔵」なら、より多くの人が知っているので、わかりやすいのではないかというのが助六の考え。

「**しらみ茶屋**」も、もともとは上方の長い噺だったが、助六は前半をカット、社長がいたずらで芸者や幇間の着物の中にしらみを投げ込み、幇間が摩訶不思議な舞踊を踊る、仕草のおかしみを特化して演じた。

落語は時代によって捉え方が違ってくる。あとは落語家の考え方で、わかりやすいというのも大事だ。わかりやすいことが受けることに繋がる。見せる落語を最後まで演じ続けてくれた落語家だった。

注1：落語家。五代目春風亭柳朝門下。メディアなどで幅広く活躍。音曲を用いた「紙屑屋」「七段目」などが得意ネタ。昭和30～。

注2：落語家。林家こん平門下。「笑点」（NTV系）のレギュラーで活躍。物真似や絵も得意。昭和39～。

Rakugo Master Number 20

四代目 三遊亭圓遊「浮世床」

明治35（1902）年2月12日～昭和59（1984）年1月9日
東京京橋の生まれ。大正11年、六代目 雷門助六に入門し、雷門音助。13年、二ツ目で、雷門おこし。15年、真打に昇進し、六代目都家歌六を襲名。金融恐慌で、落語家を廃業し、幇間に転職、西小山の見番に所属したが、戦争の激化で幇間が続けられず、昭和18年、落語家復帰、二代目桂小文治門下となり、初代桂伸治。21年、四代目三遊亭圓遊を襲名し、芸術協会の幹部の一人として寄席で活躍していた。59年に死去。

晩年の圓遊を寄席で何度か見ている。陽気なおじいさん、という雰囲気。艶々していた。

経歴を見ると、世界恐慌や太平洋戦争で、人生の歯車を狂わされている気がしないでもない。そういう人生の荒波を経て、温和で陽気な落語家、圓遊が作られていったのかもしれない。いや、朗らかな方だから、苦労を乗り越えて来られたのだろう。

寄席では軽い噺が多かった。

「**後生鰻**（ごしょううなぎ）」「**堀の内**（ほりのうち）」「**浮世床**（うきよどこ）」……。

「**後生鰻**」は信心が過ぎて、価値観がおかしくなっちゃった人の噺。信心深い隠居が鰻屋に「殺生はいけない」と言って、いま、裁こうとしている鰻を買い取って川に放してやる。鰻屋は商売だから。いけないと言われても困る。困るけれど、したたかだから、いくらか高額に鰻を買い取らせていた。まぁ、商人はそのくらい、したたかでもいいのか。隠居が来た。鰻がたまたまなかった。しょうがないから、赤ん坊をまな板に乗せたら。最後は赤ん坊を川に投げ込んじゃう。赤ん坊投げ込んで、いたずらな笑顔を客席に向ける。落語だからね。

「**堀の内**」、あわて者の男が性格を直そうと、堀の内のお祖師様（妙法寺）に参詣する。

しかし、あわて者だから右往左往。十代目文治（ぶんじ）や八代目圓蔵（えんぞう）は失敗を勢いよく次から次に繋いで爆笑させる。圓遊はおじいさんだから、ニコニコ笑いながら、失敗を繰り返す。「あー、もうこら駄目だ」。落語家、圓遊の客観的な感想が漏れる。いや、もう、主人公が自分の行動に呆れている感が伝わる。

この一席は「**浮世床**」。

寄席でよく聞くネタ。長くも短くも出来るし、面白いから、寄席で便利なネタだ。

昔の床屋は混んでいた。江戸っ子は、月代を剃って、青々しているのがカッコイイから、それこそ毎日のように床屋に通った。順番を待つための座敷には、そんな江戸っ子たちがたむろをしていた。その風景を描いた落語だ。

将棋をしたり、本を読んだり。将棋ったってヘボ将棋。本を読んでいる奴は、ほとんど字が読めない。馬鹿馬鹿しい。

女の惚気（のろけ）話をしている奴もいる。誰だって女にモテたい。それも酸いも甘いもわかった乙な年増がいい。お金を持っていて貢いでくれたら、なおいい。絶好の女と会った。立ち見席で芝居見物をしていたら、買いきりの升席に呼ばれる。どっかのお嬢様だ。芝居の後、お茶屋で、やったりとったり。隣座敷には布団が敷いてある。男が寝ていると、女が布団に入って来て……。

まぁ、世の中、そんなにうまい話はないのだが。これも落語のお約束だ。

大ネタをたっぷり語る名人もいれば、新作で時代を描く名人もいる。あるいは、圓遊のような、寄席で楽しい噺を聞かせる落語家もいる。落語もいろいろ、長ければいいわけでもない。明るく陽気に、寄席を盛り上げる、そういう名人もいるのが寄席なのだ。

Rakugo Master Number 21

六代目 蝶花楼馬楽「女天下」

明治41（1908）年1月21日〜昭和62（1987）年6月3日
東京芝に生まれる。昭和6年、四代目柳家小さんに入門し、柳家花之丞。15年、二ツ目で、金原野馬の助。昭和22年、真打昇進で、華形家八百八。27年、六代目蝶花楼馬楽を襲名。57年、落語協会副会長。肝硬変で死去。

馬楽も寄席で何度か聞いた。「四季の小噺」なんていうのをやっていた。季節をテーマにした、ちょっとした小噺。おそらく時間調整のネタなんだろう。

と思っていたら。ある落語家に聞いた話。その落語家が前座の頃、地方の公演で馬楽と一緒だった。そこで、列車の遅延か何かで、馬楽の次の演者が遅れたので、馬楽が「四季の小噺」で一時間近く繋いだというのだ。一体、「四季の小噺」がどれだけあるんだろう。丁寧に語ったり、多少情景や、お約束の科白を加えて一席の小噺を伸ばしたりも出来たのかもしれない。いまのように寄席のタイムテーブルがきちんと決まっていたわけではない時代で、寄席の落語家は、時間の伸縮が自在に出来た、そうでなければ務まらなかった、ということなのかもしれない。

珍しいネタもずいぶんやっていた。「**からくり屋**（や）」「**抜**（ぬ）**け裏**（うら）」。「**からくり屋**」なんて、「のぞきからくり」がわからないし、四谷のあたりに香具師や大道芸人たちが多く住んでいた、なんていうのも、説明しなければわからない。

馬楽のこの一席は、「**女天下**（おんなでんか）」なんていうネタをやっていた。「**女天下**」は国立劇場の「落語研究会」で演じたのを聞いた。放送もされたと思う。馬楽を「落語研究会」で聞いたのは、筆者はこの一席だけである。

魚屋の金太は親方の娘と結婚したため、女房に頭が上がらない。銀行員の山田さんに相談に行くと、山田さんは「帰りが遅い」と奥様に怒られ、土下座をして謝っている。金太と山田さんは先生のところへ相談に行く。

男尊女卑の時代に、女房に頭の上がらない男たちの情けなさを笑うというネタだ。頭の禿げたおじいさんの馬楽が、べそをかきながら、金太が不甲斐ない言葉を吐くところや、奥様が留守で威張っていた先生が、奥様が帰って来たと聞き、ぶるぶる震え出すところが、面白いと言ったら面白いし、それだけの話と言ったら、それだけの話だ。

大正時代の頃の新作落語。作者は益田太郎冠者。益田太郎冠者は明治から大正の作家。ただの作家じゃない。三井財閥の創始者の一人、益田孝の息子。つまり凄い金持ち。夏目漱石より一足早く、ヨーロッパに留学しているが、あんまり勉強しないで、ムーランルージュに通っていたという、我が国初の国際的寄席通。銀行員を経て、会社社長となり、演劇や音楽に詳しいから、帝劇の芸術監督となった。オペラをプロデュースし、喜劇の脚本を書き、女優と浮名を流し、ついでに落語も書いた。「**かんしゃく**」「**宗論**」「**かんにん袋**」、いまでも寄席で演じられている落語も多い。

「**女天下**」は馬楽がやったということで、台本などもあり、面白半分にやる落語家もいないわけではないが、たいして受けない。「**からくり屋**」とはまた違う意味で、現在においては、残ってはゆかないネタだと思う。

「**女天下**」はもともと、喜劇で上演された。太郎冠者の喜劇に関しては、小山内薫（おさないかおる）注1も底が浅いとか国辱ものだとか、厳しい言葉で批判している。ただまぁ、イプセンやゴーゴリーがよくて太郎冠者が悪いわけではない。おそらく、ムーランルージュなんかでは、女性上位のドタバタコントみたいなものはよく演じられていたのかもしれない。

「**女天下**」でも「**からくり屋**」でも、こうしたネタがあったことを伝え聞かせることも重要で、時代の変化で再評価されないとも限らない。時代を超えて、落語を繋ぎ聞かせた馬楽の役割も評価されてもいいんじゃないか。

注1：演出家。ヨーロッパで演劇を学び、帰国後、自由劇場を結成。その後、築地小劇場を設立。日本の近代演劇の扉を開いた。明治14〜昭和3。

Rakugo Master Number 22

十代目 金原亭馬生「大坂屋花鳥」

昭和3（1928）年1月5日〜昭和57（1982）年9月13日

東京豊玉郡（現・杉並区）に生まれる。父は五代目古今亭志ん生。弟は、三代目古今亭志ん朝。生まれてすぐに、本所業平のなめくじ長屋に引っ越す。早い話が夜逃げで、志ん生極貧の時代になめくじ長屋で育つ。昭和11年、ようやく浅草に転居。18年、父に入門し、四代目むかし家今松。戦中の落語家が少ない時代で、入門初日に、二ツ目で高座に上がった。しかし、当時の前座は万年前座の爺さんばかりだったので、二ツ目でも前座仕事と、爺さん前座の面倒をみていたという。初代古今亭志ん朝を経て、ふたたび今松。戦争の激化、父が満州慰問に出たため、一家を支える。23年、真打昇進で、古今亭志ん橋。24年、十代目金原亭馬生を襲名。軽い滑稽噺から、じっくり聞かせる人情噺まで、芸の幅が広い。父の芸風とは違った、独自の芸風を作り出す。「代り目」など父譲りのネタも絶品だが、「大坂屋花鳥」「お富与三郎」など、独自の人情噺にも真価を見出した。44年、「鰍沢」で芸術選奨新人賞、53年、落語協会副会長。54歳の若さで亡くなったのは惜しまれる。

大好きな落語家の一人。

馬生で好きなのは、なんと言っても寄席で聞く軽い落語だ。「**ざる屋**(や)」「**代り目**(かわりめ)」「**しわい屋**(や)」など。「**ざる屋**」で、ずーずーしい男の一言一言のおかしさ。初対面の、それも仕事を探しに来た男が雇い主に「鰻丼が好き」って言わないだろう。「**代り目**」の酔っ払いの、わけのわからない言動。それを馬生はニコニコ笑いながら語った。演じながらも、その状況を馬生って人は面白がっていたと思う。

季節のネタもよかった。春は「**長屋の花見**(ながやのはなみ)」、夏は「**たがや**」、秋は「**目黒の秋刀魚**(めぐろのさんま)」だ。初席のトリで聞いた「**初天神**(はつてんじん)」なんて、「坊や凧買ってもらいなさい。お父つぁんが買わないって言ったら、そこの水溜りに寝転がって」。嬉しそうな顔で言うんだ。父親は「悪い凧屋だねえ」。悪い馬生だよ。

人情噺もよかった。たまにはずれもあったけれど。

馬生この一席、「**大坂屋花鳥**(おおさかやかちょう)」か「**お富与三郎**(とみよさぶろう)」か。

「**大坂屋花鳥**」は貧乏な武士、梅津長門が吉原の花魁、花鳥に会いたくなり辻斬りをやり吉原へ行くが、それを知られて岡っ引きに包囲される。花鳥は武士を逃がすために吉原に火を放つ。

この噺は、実は「**島鵆沖白浪**（しまちどりおきのしらなみ）」という長編人情噺の一場面。馬生はこの話だけを一話完結で語った。あたかも花鳥が死んだかのように語っているが、死んでない。放火で捕まって八丈島に流罪になって、そこで主人公の佐原の喜三郎と再会して、二人で手に手をとって黒潮を渡って八丈島から島抜けする。実話を元に作られた人情噺。八丈島うんぬんのほうがストーリー書くとドラマチックだけれど、馬生は花鳥が吉原に火を放つ場面を一枚の絵のように捉えていた。

惚れた男のために吉原を燃やしちゃう女、いや、全体の物語から考えて、花鳥は長門には惚れていない。ホントに惚れていた喜三郎に、長門は少し似ていただけ。だから、心の隙間を埋めるにはちょうどよかった。馬生の女は棄て鉢だ。喜三郎と花鳥の前の話は描かれていないけれど。花魁、すなわち遊女になった女の棄て鉢さが馬生の語りにはある。遊女の悲しげな棄て鉢さと、燃え上がる吉原の赤が、馬生の語りの中に浮き出ていた。

「**お富与三郎**」は島抜けから与三郎の死を通しで聞いた。与三郎は佐渡島を島抜けして、赤間源左衛門を殺して。お富と品川の妙国寺前で再会する。家に与三郎を招くお富。「疲れているから少し寝かせてくれ」と言う与三郎に、「起きたら身の振り方を考えよう」というお富。そして、与三郎の寝顔をしみじみ眺める。いい男だった面影は残っている。

顔に傷があるからいい男が際立つ。若旦那だった与三郎が悪党となったのはお富ゆえだ。佐渡では死生の境を潜り抜けた。この先も待っているのは苦難だけだ。「もういいよね、与三さん」と、お富は与三郎の寝顔に声を掛けて。そして、殺す。死をもって与三郎を救った、それはお富の与三郎を悪の道へ引き込んでしまった女なりの幕引きなんだろうか。「もういいよね、与三さん」。この言葉の響きは耳に残っている。

「**大坂屋花鳥**」と「**お富与三郎**」の口演を馬生にすすめたのは、筆者の師、永井啓夫(ながいひろお)だ。[注1] 圓朝(えんちょう)と対抗した柳派の頭取、談洲楼燕枝(だんしゅうろうえんし)の演じた「**島鵆沖白浪**」、講談には残っているが当時は落語家ではやり手のいなかった「**お富与三郎**」、それらを馬生がどう語るのかという好奇心からだという（永井啓夫『日本芸能行方不明』新しい芸能研究室）。

「**大坂屋花鳥**」は七代目むかし家今松、「**お富与三郎**」は六代目五街道雲助(ごかいどうくもすけ)やその弟子たち、馬生の弟子や孫弟子たちによって、馬生のほぼオリジナルといっていい人情噺が、今また現代にも受け継がれている。

CDは、「十代目 金原亭馬生 十八番名演集 4 「付き馬・大坂屋花鳥」」が日本コロムビアから出ていて、「**大阪屋花鳥**」は昭和49年9月26日、三越劇場での口演を録音したもの。

注1：芸能研究家。近世文学、大衆芸能を幅広く研究。著書『三遊亭圓朝』『日本芸能行方不明』など。舞踊の作詞も手掛け、新内「広重八景」などがある。昭和2～平成18。

「十代目金原亭馬生 十八番名演集」
4「付き馬・大阪屋花鳥」
（提供：日本コロムビア）

第3章

落語黄金時代の若手たち

「小さん、小勝、小せん、柳昇、夢楽、柳朝、米丸、小南、圓右、柳好、さん助、文治、笑三、小圓馬、三平……、落語家は20人くらい戦争に行って、一人も死なずに帰って来た」

川柳川柳が「**ガーコン**」の中で言って客席を爆笑させるが、あくまでもクスグリ。この中で、落語家で戦争に行ったのは、小さん、小勝、小南、圓右、文治くらい。あとの人たちは戦争で生きて帰ってから落語家になった。

昭和20年前後は若手の落語家が少

なかった。落語家になりたい人はいたろうが、戦時下で、軍隊に行くか、軍事関係の職業に就く人が多く、一般家庭の若者が「落語家になりたい」などと言ったら「非国民」と言われたろう。彼らの中には、戦争や空襲でなくなった者もあまたいたであろう。

五代目柳家小さんが修業時代に軍隊に行き苦労した話はすでに書いた。無事に帰れた者たちの中で落語家を志した若者たちがいたのだ。

戦後、復員して落語家になった人たちは昭和20年代に修業し、30年代でおおいに活躍。おりからのラジオの時代で活動の場が広がり、戦後入門世代がその時代の落語界を牽引する。

Rakugo Master Number 23

四代目 柳亭痴楽（りゅうていちらく）「恋の山手線（こいのやまてせん）」

大正10年（1921）年5月30日～平成5（1993）年12月1日

富山の生まれ。昭和14年、七代目春風亭柳枝（しゅんぷうていりゅうし）に入門、春風亭笑枝（しょうし）。16年、師匠没で、五代目柳亭左楽（さらく）門下となる。二ツ目となり、四代目柳亭痴楽を襲名。終戦後すぐの9月に、真打昇進、戦後初の真打となる。25年、三遊亭歌笑（さんゆうていかしょう）の突然の死から、穴埋めで抜擢され、「綴り方狂室」を演じ、人気を得る。「破壊された顔の持ち主」「柳亭痴楽はいい男」などのフレーズは流行語となり、ラジオ、テレビで活躍。48年、脳卒中で倒れ、言語障害が残り、以後、20年間、療養生活を送る。平成5年、高座に復帰するが、その歳の暮れに亡くなった。

戦後、人々は娯楽を求めた。すきっ腹でも笑いたかった。焼け残った人形町末広や、バラックで営業を再開した鈴本演芸場には、大勢の客が詰め掛けた。

戦後の時代に、彗星のように現われて活躍した落語家がいた。三遊亭歌笑。[注1]「**純情詩集**」という、七五調の語り口と、内容のモダンさで、ラジオ、レコードで売れた。

豚の夫婦がのんびり昼寝をしていたら、亭主の豚が飛び起きる。怖い夢を見た。とんかつにされて食われる夢を見た。で、あたりを見たら、昼寝をしていたのがキャベツ畑だった。

そんな内容を、軽やかに、それこそ香具師の口上のように語る。いや、のちの香具師が歌笑を真似た。映画の寅さんの口上は、まさに歌笑から取っている。

超絶な人気だった歌笑が、昭和25年、33歳の若さで、進駐軍のジープにはねられて亡くなる。

ラジオや寄席のスケジュールはビッシリ詰まっている。この時にピンチヒッターに立ったのが痴楽だった。

痴楽は、歌笑の「**純情詩集**」の七五調のリズムと、「破壊された顔の持ち主」という自らの顔を自虐的に、あるいは「柳亭痴楽はいい男、鶴田浩二や錦之介、それよりずっといい男」と逆転の笑いを生むフレーズを用いた「**綴り方狂室**」を演じた。痴楽はたちまち人気者になった。

中でも有名なのは「**恋の山手線**」。

「上野をあとに池袋、走る電車は内回り、私は近頃外回り、彼女は綺麗なウグイス芸者（鶯谷）、にっぽり（日暮里）笑ったあのエクボ……」、こんな調子で、私と彼女の恋模様に、山手線の駅を折り込んでゆく。

戦前に三代目三遊亭金馬の「**居酒屋**」を当時の子供たちがラジオにかじりついて覚えたように、昭和20～30年代の子供たちは、痴楽の「**恋の山手線**」を聞いて、山手線の駅名を覚えた。いま、60代後半より上の世代で、山手線の駅名をスラスラ言える人が多いのは、痴楽のおかげである。ただし、西日暮里と高輪ゲートウェイは入っていない。

筆者はぎりぎりリアルで「**綴り方狂室**」は聞いていない。だが、大人になってから、少し先輩たちが懐かしそうに山手線の駅名を七五調で語っているのを聞いて、なんか面白かった。子供が痴楽を真似て、得意気に山手線を語る。「恋」の部分はわからなくても、七五調で綴られる山手線の面白さ。そういう面白さも、ラジオ時代の落語にはあったのだろう。

寄席では痴楽は、「**ラブレター**（**女給の文**）」「**新聞記事**」「**桃太郎**」、古典の地噺「**西**

行」などを演じたが、冒頭には「**恋の山手線**」はじめ、七五調の「**綴り方狂室**」を聞かせて客席を沸かせた。他にも「**楊貴妃**」（作・大野桂）、「**幽霊タクシー**」（作・鶯春亭梅橋）など、30年代には新作をよく掛けていた。

売れに売れている昭和48年に脳溢血で倒れ、言語障害が残り、そのまま闘病生活を続けた。亡くなる少し前に、なんと「徹子の部屋」（テレビ朝日系）に出演したのを、筆者はたまたま見た。まわらない口で、「**恋の山手線**」をやったが、西日暮里を入れ込んでいた。再起したら入れようと準備をしていた、亡くなるまで落語家だったのだろう。

「**綴り方狂室**」は、エニーから出ている「柳亭痴楽 綴り方狂室（新装版）」で聴くことができる。

注1：三代目三遊亭歌笑　落語家。戦後「純情詩集」で一世風靡するも、進駐軍のジープにはねられ死去。大正5〜昭和25。

「柳亭痴楽 綴り方狂室（新装版）」
「ラブレター・推理作家・桃太郎・新聞記事・他」
（発売元：エニー）

Rakugo Master Number 24

三代目 三遊亭圓歌「西行」

昭和7（1932）年1月10日〜平成29（2017）年4月13日

東京向島の生まれ。岩倉鉄道学校卒業。戦後、二代目三遊亭円歌に入門し、三遊亭歌治。昭和24年、二ツ目で、二代目三遊亭歌奴。29年、新作落語「授業中」を作り、おおいに受ける。「授業中」の歌奴で人気となり、32年、上野・鈴本演芸場で、林家三平とともに、二ツ目のままトリを務める。33年、真打昇進。おりからテレビ放送がはじまり、演芸番組に多く出演し、「授業中」のほか、「駅員時代」「宮様と僕」などのネタで人気者となる。45年、三代目三遊亭圓歌を襲名。60年、出家。晩年は、自らの親たちを綴った「中沢家の人々」で、爆笑落語を演じ続けた。平成八年、落語協会会長、平成14年、勲四等旭日小授章。結腸癌で死去。

圓歌の生年に関しては諸説あったが（戦争で戸籍が焼失）、通夜の晩に四代目圓歌（当時・歌之介）が鉄道学校の先輩と会い、昭和7年で間違いがないことがわかった。

子供の頃、よくテレビで見た。**「授業中」**「**駅員時代**」は何回聞いたかわからないが、いつ聞いても面白かった。「山のアナアナ」「十八番広沢虎造」……、意味なんかわかんない。けど、おかしかった。当時は歌奴。

なんと**「授業中」**は昭和24年に作られた。20年くらい新作落語として第一線を走り続けたのは、緻密に作られた落語だからだろう。

小学校に新任の、かぼちゃみたいな頭の先生が来た。国語の授業。「山のあなたの空遠く幸い住むと人の言う」の朗読を生徒たちにさせる。吃音の生徒が「山のアナアナアナ…あなた、もう寝ましょうよ」「どうしてそこだけ吃らないんだ」。次は浪曲調で朗読をする生徒。虎造節で、いつしかカール・ブッセが[注1]「国定忠治」になってしまう。

「それが昔の金語楼先生の『兵隊』なんですよ」（『落語界No.28』昭和55年11月号、深川書房）と圓歌自身が言っている。金語楼の**「落語家の兵隊」**が男性の共通体験の軍隊をモチーフとしたように、義務教育の時代に多くの人の共通体験である学校をテーマにした。**「授業中」**のあと、あの子供たちが大人になったという設定の**「月給日」**を作っている。サラリーマンは出て来るが、背広にネクタイの八つぁん、熊さんたち、それが当時の新作落語で、落語の世界観を崩さず、現代を語る手法には適していたのだろう。それがわかりやすく受けた。いまだったら、「そんなサラリーマンいないよ」で終わってしまうかもしれないが、まだまだ八つぁんみたいなサラリーマンがギリギリいたんだ。圓歌の頃には古典もよく演じていた。筆者は寄席のトリで「**西行**(さいぎょう)」を聞いた。その後も何度か聞いている。

圓歌のこの一席は「**西行**」。

西行法師出家の原因は、帝の愛妾、染殿内侍への失恋だという地噺。講談では友人の死が出家の理由だが、落語では失恋。落語だけでなく、失恋のエピソードは「平家物語」にはないが「源平盛衰記」にあり、瀬戸内晴美(せとうちはるみ)注2も小説にしている。落語のほうは馬鹿馬鹿しく、花札や新派や義太夫なんかが出て来る。

「西行」は二代目円歌も演じていた。師匠譲りのネタだが、三代目の工夫やクスグリもふんだんにあり、爆笑ネタになっている。三代目圓歌の生真面目さのある雰囲気、それこそ、「**授業中**」の先生のような趣が、北面の侍のほのかな恋心をしたためた和歌なんかを語るから、歴史の授業のような雰囲気になる。で、気を抜くと、「あなかしこ、あなかしこ」なんて言うもんだから、いや、このくらいくだけていると、歴史の授業も楽しいんじゃないか。

晩年は寄席では「**中沢家の人々**（なかざわけのひとびと）」が多かった。自分の両親、妻の両親、先妻の両親、六人の老人が家に同居して、朝から六人が「南無妙法蓮華経」。エピソードの入れ方で時間の伸縮も出来る、寄席には適したネタだろう。

高齢化社会を逆手に、老人たちの楽しいエピソードを綴るわけだが、中年以上の人たち、それこそ介護世代には「あるある」という共感が、そして、若い人たちには、いや、そんなことはあるまい、というナンセンスなネタとして新鮮に響き、世代を超えて爆笑になる。

実話に基づいた嘘話だから、リアリティのあるナンセンスで、世代によって受け取り方が異なるが、常に爆笑を生んだ。

「**授業中**」も「**中沢家**」も20年のロングラン作品。その秘訣は、「飽きずにやり続けること」だそうだ。

注1：ドイツの詩人。新ロマン派。日本で「山のあなた」が明治38年に訳され、教科書に載り多くの人に知られた。１８７２〜１９１８。

注2：現・寂聴。作家、僧侶。『花芯』『夏の終わり』など多くのベストセラー小説、『源氏物語』の訳者としても知られる。大正11〜。

Rakugo Master Number 25

初代 林家三平「どうもすみません」

大正14（1925）年11月30日〜昭和55（1980）年9月20日

東京下谷、根岸の生まれ。父は七代目林家正蔵。昭和20年徴兵され、終戦まで本土決戦のための塹壕を掘り続ける。21年、父に入門し、林家三平。父が東宝の専属だったため、東宝名人会の前座となる。22年、二ツ目。24年、父の死で、四代目月の家圓鏡（七代目橘家圓蔵）門下となり、前座からやり直す。26年、二ツ目。30年、テレビ出演をきっかけに、小噺を繋ぎ合わせた高座や、テレビ、ラジオの司会で売れる。32年、上野・鈴本演芸場で、三遊亭歌奴（三代目圓歌）とともに二ツ目のままトリを務める。33年、真打昇進。その後もテレビ、ラジオで活躍、「昭和の爆笑王」と呼ばれる。54年、脳溢血で倒れるが、リハビリで奇跡的に復活。しかし、肝臓癌で死去。

昭和の爆笑王。子供の頃、テレビでよく見た。
「たいへんなんすから」「どうもすみません」「好きです、好きです、ヨシコさん」「(手を顔の横に当てて) こうやったら笑ってください」「今日はお子さんのお客様もいらっしゃるんで、いま、怪獣の話をします。ガーッ。で、お嬢さんのお客さんには、みのもんたの話。ダンシング・オールナイト」「こっちから半分、休め」。

小噺を繋いでゆく途中に、どうでもいいフレーズが繰り出され、笑わせる。

番組で三平の影作者をやっていた三笑亭笑三（さんしょうていしょうざ）は、「あの人はあーいう調子の落語だから。一席の噺なんてやらない。なんだかわけのわからないこと言って、どーもすみません。最初からそういう芸風でしたから。テレビが始まる前は、あいつどうするんだろうって言われてたのが、さぁ、テレビ時代になると急に忙しくなっちゃった」と言っている(東京かわら版平成21年2月号「笑三成長記」)。ホントに最初から、あんな調子で、時代が三平に追いついた。

寄席でも何度か見ている。
出て来るだけで圧迫感。というか客席が沸く。うねる。凄い。
「若旦那、笑ってる場合じゃありません、もう大変」

高座から声掛けられて、いい思い出だよ。

昭和36年には、当時の若手、三遊亭歌奴（三代目圓歌）、三遊亭小金馬（四代目金馬を経て金翁）[注1]、桂米丸、春風亭柳昇、三遊亭圓右と「創作落語会」（有楽町ビデオホール）をはじめているが、他のメンバーは新作落語をやるのに、三平だけはいつもの調子だったという。はかま満緒[注2]や神津友好[注3]が作者にいたが、「三平さんにはいつも裏切られ続けた」と神津は言っていた。台本書いてもやらない。これは作者には辛いね。

古典は、父、七代目正蔵譲りの「**源平盛衰記**」が得意だったというが、一度だけテレビで見た。でもＮＨＫもよくない。20分くらいしか時間とってない。ちょこちょこといつもの小噺をやりながら、一の谷の戦いのあたりで時間切れ。マクラで落ちの伏線喋っているから、最後までやるつもりだったのか。

でも、いつもの小噺なのに、おかしい、おかしい。

それが三平だった。

脳溢血で倒れ、奇跡的に復活。

復活後の高座見ている。場所は渋谷のジァンジァン。三遊亭圓丈ら[注4]の「実験落語」にゲスト出演した。

客席はドカンドカン受けた。しかし、最後の小噺を演じた後、ドカンという笑いが起こらなかった。三平は高座を降りなかった。受けなかったことをおどける。それでまた、客席はドカンと笑う。で、別の小噺をやる。受けない。降りられない。それを何度か繰り返した。爆笑王の意地か。素人にはわからない、病気前の勢いと何かが違う、病気後の間のズレがあったのかもしれない。だから、これが最後という、とっておきの小噺が爆笑にならない。

「最初からそういう芸風」だった。でも、受けたのは、その芸風が練られて、独特の間が作られた。新作や古典ではなしえない、小噺と間のフレーズのリズム感覚、そう、三平の落語は「リズム落語」とも呼ばれた。似たような小噺でも、いつもドカンと受けるのは、まさに三平落語の作られた間だった。

注1：落語家。三代目三遊亭金馬門下。小金馬、四代目金馬を経て、隠居名、二代目金翁を名乗る。古典落語、新作落語などで、現在も寄席で活躍。昭和4～。

注2：放送作家。「シャボン玉ホリデー」（NTV系）など多くのバラエティ番組の脚本を手掛ける。昭和12～平成28。

注3：放送作家、演芸作家。「お好み演芸会」（NHK）、「花王名人劇場」（CX系）など多くの演芸番組を手掛けた。著書「笑伝林家三平」など。大正14～令和元。

注4：落語家。六代目三遊亭圓生門下。新作落語で活躍。代表作「グリコ少年」「悲しみは埼玉へ向けて」など。昭和19～。

Rakugo Master Number 26

十代目 桂文治「猫と金魚」

大正13（1924）年1月14日〜平成16（2004）年1月31日

東京豊島の生まれ。父は初代柳家蝠丸。昭和19年、召集を受け、中国大陸で砲兵部隊に所属。復員後、21年、二代目桂小文治に入門、父の前名、柳家小よしを名乗る。のちに桂小よしに改名。23年、二ツ目で、二代目桂伸治。33年、真打昇進。文化放送「落語討論会」、フジテレビ「お笑いタッグマッチ」など大喜利番組に出演し、人気。54年、十代目桂文治を襲名。平成8年、芸術選奨、11年、落語芸術協会会長となる。14年、勲四等旭日小授章。江戸前の芸風で、「猫と金魚」「あわて者」「源平盛衰記」「親子酒」「蛙茶番」など爆笑ネタを得意としていた。急性白血病で死去。

寄席では古典の爆笑派。「**猫と金魚**」や「**あわて者**」はとにかくおかしかった。「**源平盛衰記**」「**やかん**」「**長短**」「**親子酒**」「**無精床**」……、いわゆる寄席の面白いネタをずいぶん聞いた。「**鼻ほしい**」なんかも聞いたことがある。

「お客さんは浮世を忘れに寄席に来ているから、笑わせて帰さなきゃ駄目だよ」といつも言っていたそうだ。だから、面白いネタを、落語らしい口調で語る。時には脱線もするが、脱線することが現代にも通じる。古典と現代を行き来するから、落語なんだ。

大喜利番組で人気者になった。「落語討論会」や「お笑いタッグマッチ」の頃は、筆者は知らない。昭和40年代、NHKの演芸番組「お好み演芸会」の大喜利にも出ていたのは、見ていた。落語の長屋という設定の大喜利で、文治（当時は伸治）は八つぁん。熊さんが春風亭柳朝で、与太郎さんが春風亭柳昇、三遊亭圓右は頭が禿げてるからツルさん。司会が柳家小三治[注1]の月番で、まだ前座だった春風亭小朝がアシスタント（使い走り）で出ていた。NHKもキャスティングうまいね。小柄で角刈りのいかにも江戸っ子のおじさんの文治は、八つぁんがそのまま、という雰囲気だ。

威勢がよくて、それでいてユーモラス。それこそ、「**二十四孝**」の八つぁん。親とか、女房とか、迷惑掛けても、我が道を行く、みたいな。家族は大変だけど、離れたところで見ているぶんには笑える。そんな存在だ。

解答も、威勢のいい割にマヌケで、そういうキャラクターがよく出ていた。

この一席は、やはり「**猫と金魚**」かな。

漫画の「のらくろ」でおなじみ田河水泡(たがわすいほう)[注2]の作。田河水泡が高沢路亭(たかざわろてい)のペンネームで、雑誌に書いていたものの一つ。実演を目的とせず、雑誌連載の落語風読み物だったものを、初代柳家権太楼(ごんたろう)が「是非、高座に掛けたい」と言い、田河が了承した。「**猫と金魚**」は権太楼の代表作となった。

主人が番頭を呼ぶ。「縁側の金魚がいなくなった。お前、知らないか」「私は食べてません」。のっけから、凄い科白の応酬だ。金魚なんて食べるわけはないのに、この科白が出て来るナンセンス。食べていたのは隣の猫だ。主人は番頭に金魚鉢を猫の手の届かないところに持っていくように言うが、マヌケな番頭は湯屋の煙突の上なら猫の手が届かない、とか、碌なことを言わない。湯殿の棚の上なら届くまいと、そこに金魚鉢を持ってゆくように番頭に言う。湯殿の棚の上にはすでに猫がいて、番頭が金魚鉢を置いたら、すぐに金魚を狙いはじめた。馬鹿か。馬鹿だろう。主人のマヌケな番頭への苛立ちが伝わる。番頭にまかせていたら、何匹金魚を食われるかわからない。主人は近所の威勢のいい鳶の寅さんに猫退治を頼む。ところが寅さん、強そうに見えて実は弱い。

文治は初代権太楼をパワーアップさせて、「**猫と金魚**」をより馬鹿馬鹿しい落語に仕上げたという。

ちなみに文治という名前は、もともとは関西。初代文治は、江戸は寛政の頃、大坂・坐摩（いかすり）神社に小屋を建てて興行した、上方落語寄席興行の祖。三代目文治が江戸の人で、江戸に帰って文治を継いだ。大坂でも三代目がいて、三代目、四代目は東西にいたが、五代目文治からは東京の大名跡となった。

注1：落語家。五代目柳家小さん門下。現在、落語界3人目の人間国宝として活躍。「芝浜」「野ざらし」「大工調べ」「小言念仏」などが十八番。昭和14～。

注2：漫画家。代表作は「のらくろ」。昭和初期を代表する漫画家。明治32～平成元。

Rakugo Master Number 27

三代目 三遊亭圓右「都々逸親子」

大正12（1923）年12月8日〜平成18（2006）年3月22日

東京杉並で生まれる。父は浪曲師、木村重丸。昭和16年に落語家となり、橘小圓左。主に端席で活動する。18年、出征。復員後、23年、五代目古今亭今輔に入門し、古今亭寿輔となる。24年、二ツ目。30年、真打昇進し、三代目三遊亭圓右を襲名。バラエティ番組や、エメロン、アテント、マスコット爪切りなどのCMに出演、トレードマークの禿頭のキャラクターで人気になる。新作落語を得意とし、自作（ペンネーム・粕谷泰三）、「銀婚旅行」「都々逸親子」「青い鳥」「恋の駅前」、金語楼作品「酒の素」「釣りの酒」、鈴木みちを作品「冥土の喧嘩」などを口演した。前立腺癌で死去。

禿頭をトレードマークにしていた。

NHK「お好み演芸会」でのキャッチフレーズは「太陽からの使者」。

エメロン石鹸などのCMでよく見た。

古典落語は聞いたことがない。新作落語はいろんなネタをやっている。
金語楼作品「**釣りの酒**」とか、何度か聞いたことがある。
たいていは自作ものが多かった。本名の粕谷泰三がペンネーム。
ちまたにある、ちょっとしたことを落語的に面白く見た作品が多い。いくつかあげてみよう。

「**恋の駅前**」。彼女と待ち合わせの男が駅前で、彼女とのデートを妄想し、大騒ぎになる。
金語楼の「**嫁取り**」に似ているか。もっと言えば、「**たらちね**」だね。女性に関する妄想は落語の定番か。どれだけモテない男が多いのか。

「**銀婚旅行**」。老夫婦が旅行に行き、新婚時代を思い出す。銀婚式は結婚25年だから、そんなに老夫婦というわけでもなかろう。落ち着いた年齢の夫婦が、若い頃を思い出して馬鹿をやる。旅行っていうものが、だいたい羽目をはずすものだ。

師匠の五代目古今亭今輔がお婆さん落語で売ったが、師匠のネタを継承するのでなく、独自のお婆さん落語を創作した。創作したキャラクターのお婆さんよりも、実際のお婆さんが面白いと思った圓右はドキュメンタリー落語として、お婆さんをスケッチした。「**七夕お婆さん**」「**温泉お婆さん**」などを語っている。

圓右この一席は「**都々逸親子**」をあげよう。

圓右の自作で、落語芸術協会だけでなく、落語協会や五代目圓楽一門でもやる落語家がいる。いまや半ば古典化し、落語芸術協会以外の落語家は圓右・作というのを知らないかもしれない。

いたって簡単な噺。子供が学校で都々逸を習ってきた。父親が見栄を張り、「父さんは都々逸のチャンピオン、ドドチャンだった」と言い、親子で都々逸くらべをやるというもの。

学校で都々逸なんか習うか。都々逸は情歌というくらいだから、男女の機微を歌うんだ。寄席じゃ、昔、初代柳家三亀松[注1]が「櫛が落ちてる四畳半」とかやって受けたものだ。ところが、ほら、親子だから。しかもお父つぁんはマヌケ。「今日のご飯のおかずは鮭だ、シャケは涙かため息か」なんて都々逸を作るという、お約束。

学校をモチーフに親子が会話し、親が子供にやりこめられるというのは、三代目三遊亭金馬の「**勉強**」がある。「**勉強**」が「**清書無筆**」の改作。他にも「**桃太郎**」なんかもそうだろう。

古典落語のパターンを、現代的色合いで聞かせる新作落語は、案外、多くの落語家に演じられる。題材が都々逸で、落語家のセンスでいくらでも新しい都々逸を作って、面白くも出来る。ようはマヌケで見栄っぱりな父親と、学校で習ったことを家で自慢したい小生意気な子供というキャラクターで、いくらでも展開が出来る。もともと古典の色合いが強い新作落語だから、寄席でも受けるし、多くの落語家に演じられている。

圓右は「創作落語会」などでも実験的なネタを掛けたりもしていたそうだが、それらは未見。寄席の新作、実験的な新作、そこから新たなドキュメンタリー落語も生み出した。新作魂は、落語芸術協会だけでなく多くの落語家に受け継がれている。

注1：音曲師。都々逸や新内をおりまぜた色っぽい音曲漫談で一世風靡。明治34～昭和43。

Rakugo Master Number 28

五代目 春風亭柳昇「里帰り」

大正9（1920）年10月18日～平成15（2003）年6月16日

東京は武蔵野村（現・武蔵野市）で生まれる。横河電機に就職し、吹奏楽部に入りトロンボーンを担当。昭和16年、出征し、機関銃中隊に配属。伍長に昇進し、中国へ行く輸送船の護衛船の隊長となる。青島で負傷し、敗戦まで療養。復員後、21年、六代目春風亭柳橋に入門し、春風亭柳之助。指を負傷しているところから、古典落語の仕草が出来ず、新作落語の道へ進む。24年、二ツ目昇進で、五代目春風亭柳昇。33年、真打昇進。フジテレビ「お笑いタッグマッチ」で司会を務め、オープニングではトロンボーンを吹いた。新作落語は自作（ペンネーム・林鳴平）が多く、自らのキャラクターを活かす作品を作り演じていたところから、弟子も作品を継承はしていない。「結婚式風景」「課長の犬」「日照権」などナンセンスなネタを得意とした。晩年は、カワイイおじいちゃんキャラで、女性ファンによる「柳昇ギャルズ」が出来たりした。筆が立ち、軍隊時代の経験を綴った『与太郎戦記』などの著書もある。平成2年、勲四等瑞宝章。胃癌で死去。

「うちの師匠は打率十割」と言うのは、柳昇の弟子で、落語芸術協会会長の春風亭昇太だ。注1

言われてみればそうだ。柳昇の高座で受けなかったものは見たことがない。

だいたいがナンセンスな爆笑ネタを演じている。

「**結婚式風景**」。世辞で塗り固められた結婚式の祝辞を本音でやったらどうなるか。夫婦心中だとか、使い込みがバレてクビだとか。

「**日照権**」。昭和40年代の公害が問題になっていた頃の作品で、マンション建設に反対する住民集会で、「陽が当たらなくなったら困る」と言ったら「私は夜勤だから関係ない」という奴が出て来たり。

「**課長の犬**」。上司の出産祝いに行ったら、生まれたのは犬の子で、「**子ほめ**」のように赤ん坊の褒め方を教わっていた男が、犬の子を見て「課長にそっくり」。

そういう馬鹿馬鹿しいシュチエーションを柳昇のトボケた口調で語るから、馬鹿馬鹿しさが突き抜ける。

自作が多い。ペンネームは林鳴平。寄席囃子が鳴って高座に出るぞ、という意味。新作をはじめたきっかけは、負傷兵で指が使えず仕草が出来なかったことと、前座時代に先輩にネタを書いたら、いいお小遣いをくれたことだという。自作は社会問題なども題材としているが、自身のキャラクターを活かしたもの。だから、弟子にも自作をすすめ、柳昇作品は教えなかった。

古典も「**牛ほめ**」「**雑俳**」などはやっていた。「**雑俳**」が爆笑で、「きつねより安くてうまいたぬきそば」「福寿草（荘）お二人様で三千円」、なんていう句をトボケた口調で言われたら、笑わずにはいられない。

柳昇この一席は、トリでよく演じていた「**里帰り**」をあげよう。

ちょっとホロリとさせる人情噺でコーティングした爆笑ネタだ。嫁に行った娘が久々に実家に戻って来る。姑のいじめに堪えられずに家出をして来たという。父親は娘に、そんなに嫌なら「ババアを殺そう」と言い、娘に、軍隊時代に入手した毒薬を渡す。「俺はお前がカワイイ。どうしても我慢が出来ないなら、お母さんを殺すしかないだろう。これは絶対に死因のわからない毒薬だ。これをお前にやる」「まぁ、お父さん、こんないいもの、もらっていいの」

シリアスなやりとりも柳昇の口調で言うと、なんかおかしい。

実はこれは父親の計略で、後半の種明かしはやや説教臭くなるが、柳昇色が鮮やかな、ホロリとしつつも爆笑ネタになっている。

これウィキペディアとかでは「柳昇・作」となっているけれど違う。五代目柳亭左楽[注2]も演じていた昔からある新作落語。四代目三遊亭金馬（現・金翁）もやっていて、金馬の一門も手掛けている。柳昇が加筆した部分もあるのだろうが、柳昇・作ではない。それでも柳昇のキャラクターでそのまま爆笑ネタに仕上がっているので、間違うのも仕方がないかもしれない。

柳昇新作の多くは柳昇のキャラクターにおもねるところは大きいが、たとえば「**雑俳**」は柳昇ほどではないが、面白く演じる落語家はいる。作品によっては、新作の宿命、時代的にあわないものもあるが、「**結婚式風景**」などは現代でも通用するネタだ。柳昇とは異なる演じ方で挑んでみてもよいのではないか。

注1：落語家。五代目春風亭柳昇門下。新作落語で活躍。「笑点」（ＮＴＶ系）では司会も務める。現・公益社団法人落語芸術協会会長。昭和34〜。

註2：落語家。落語界の重鎮として長く活躍。明治5〜昭和28。

Rakugo Master Number 29

三笑亭夢楽（さんしょうていむらく）「三方一両損（さんぼういちりょうぞん）」

大正14（1925）年1月5日〜平成17（2005）年10月28日

東京世田谷の生まれ。馬賊に憧れ、戦中に中国に渡る。自称、北京大学卒業。敗戦で帰国。昭和24年、五代目古今亭今輔（ここんていいますけ）に入門、古今亭今夫（いまお）。はじめは新作落語を演じていたが、古典に転向し、八代目三笑亭可楽（からく）門下に移る。26年、二ツ目で、三笑亭夢楽。湯浅喜久治（ゆあさきくじ）の「若手落語会」に抜擢され、湯浅亡き後、会を引き継いだ。33年、真打昇進。落語芸術協会の古典派として活躍。フジテレビ「お笑いタッグマッチ」などに出演、大喜利番組で顔を売り、その後、日本テレビ「お昼のワイドショー」などでコメンテーターも務めた。平成15年、寄席を引退したが、特別な会には出演していた。肺不全で死去。

夢楽も子供の頃、テレビでよく見た。大喜利番組は日曜日の午後、新宿・末広亭の中継のレギュラーだった。知的な解答をする優等生の役割だったように記憶している。

いまでいうところのコメンテーターとして、はじまったばかりのワイドショー番組に出ていたのも見たことがある。子供だったからよくわからないが、多分、「浮気は男の甲斐性」みたいなことを言って、当時（昭和40年頃）のウーマンリブのお姉様たちに「ぎゃふん」と言わされる役割だったんじゃないか。のちに本で読むと性豪として知られていたらしい。男女その他なんでもＯＫで、若い頃、中国に渡った時、帰国の港に、牝の羊が見送り来ていた、とか。この時代の落語家には、そうした眉唾なエピソードがあまたある。テレビのタレントでもあり、何か摩訶不思議な存在でもあるのが、落語家なのだろう。

寄席でよく聞いた。新作派の多い落語芸術協会で、十代目桂文治（かつらぶんじ）（当時・伸治（しんじ））と夢楽は、きっちりと古典落語を聞かせてくれるので、楽しみだった。

「**三方一両損**（さんぽういちりょうぞん）」「**蔵前駕籠**（くらまえかご）」「**転宅**（てんたく）」「**湯屋番**（ゆやばん）」「**こんにゃく問答**（もんどう）」……、なんかを聞いた。「**寄合酒**（よりあいざけ）」「**目薬**（めぐすり）」とか、軽い噺も面白かった。いま、落語芸術協会の落語家は、そこそこの大ネタを20分程度にうまくまとめて寄席で聞かせてくれる人が多い。浅草演芸ホールなどはもっと短いが、上野広小路亭などだと、20分くらいの持ち時間があるので、大ネタを掛けることもある。昔の寄席は、案外、大ネタも聞けた。夢楽たちの世代がうまく20分くらいでまとめて聞かせてくれていた。寄席の時間におさまる古典落語の草分けなのだろう。

この一席は「**三方一両損**」。

江戸っ子の意地の張り合いに、お奉行様まで引っ張り出される、ある意味、不思議な噺。江戸っ子が柳原の土手で財布を拾った。江戸時代、神田川の脇のところに土手があった。浅草橋から秋葉原のあたり。財布の中身は3両（約30万円）の金と、書付に印形。書付で落とし主がわかったので、困っているだろうと届ける。ところが、落とした男は、俺から離れていった財布だから受け取れないと言い、喧嘩になる。大家が仲裁に入り、俺の顔を立ててくれと言われて引き下がり帰ると、今度は拾った男の長屋の大家が出て来る。「むこうの大家の顔は立つが、俺の顔はどうしてくれる」。

面子の張り合い。願書をしたため南のお奉行所って、暇なのか。暇なんだよ。大岡越前守の時代だから、開幕から１２０年くらい。平和で、庶民が食うに困らない。江戸っ子は「宵越しの銭は持たない」。仕事があるから、今日の銭を全部使っても、明日また稼げばいい。そういう時代に、落語も出来た。夢楽の遠い先祖になる初代三笑亭可楽がはじめて江戸で、お金を取って落語を聞かせたのが、寄席興行のはじまり。お客はお金を払って笑いに来た。そういう時代のお話を、夢楽がゆったりした口調で、でも20分にまとめられた江戸前の落語である。

「**三方一両損**」は時代が特定されているが、「**湯屋番**」なんかだと、登場人物の語り口が現代調だったりもする。江戸っ子の出て来る話でなければ、少し趣を変えると、現代人に親しみやすくなるということか。不特定多数のお客が来る、寄席ならではの工夫でもあったのだろう。

Rakugo Master Number 30

二代目 桂小南「ぜんざい公社」

大正9（1920）年1月2日〜平成8（1996）年5月4日

京都府北桑郡（現・左京区）の生まれ。奉公先の呉服屋の転勤で東京へ来る。昭和14年、三代目三遊亭金馬に入門し、山遊亭金太郎。金馬が東宝専属だったため、寄席でなく東宝名人会で前座修業をする。戦中は軍隊へ行き、復員後、金馬の口利きで、二代目桂小文治の一門となり、寄席で修業。金馬のアドバイスで上方落語を演じることとし、上方で囃方の修業をしながらネタを習った。33年、真打昇進。八代目桂文楽の口利きで、二代目桂小南を襲名する。44年、文化庁芸術祭大賞、平成元年、芸術選奨、2年、紫綬褒章。得意ネタは「いかけ屋」「代書屋」「三十石」「七度狐」「菊江の仏壇」「河豚鍋」「ぜんざい公社」など。脳梗塞で死去。

東京で上方落語を演じる落語家は何人かいる。

昔は、二代目三遊亭百生（ひゃくしょう）[注1]や、二代目桂小文治（こぶんじ）。[注2] 生まれが関西で、そのまま上方言葉で、上方の落語を演じていた。

小南もその一人で、京都、と言っても丹波（たんば）の生まれ。東京で落語家になったが、言葉の問題で上方落語をやるようになったらしい。

寄席でよく聞いたが、江戸の古典落語や新作落語に混ざって、彩の変わった落語が聞けて楽しかった。また、小南の言葉の表現や表情が面白く、珍しい上方のネタを面白く聞かせてくれた。わかりやすく面白く聞かせるのは、師匠の三代目三遊亭金馬の薫陶だろう。

一番面白かったのは、やはり「**いかけ屋**（や）」だ。いかけ屋（鋳掛屋）とは、鍋、釜の修理屋。鉄の鍋、釜だが、火に掛けるから、劣化して穴があく。鉄の鍋、釜は高価だから、修理して使うのだ。そのいかけ屋を子供たちがからかうという痛快（？）なネタ。店を持っているわけでない、修理道具を持って歩いて、道端に座って鍋、釜の底叩いて修理する社会的弱者を子供たちがいたぶる、とんでもない話なんだけれど、子供は本音で、掛け値なしの暴言を吐くから、いかけ屋の迷惑ぶりも含めて、爆笑を生む。

「**代書屋**（だいしょや）」も同じく。「**代書屋**」という知識人が、字の書けない男に翻弄される。本籍地も、生年月日も、本名すらよくわからないのに、はじめて女郎買いに行った日のことを履歴書に書こうとする馬鹿相手に頭を抱えるおかしさ。

この一席は「**ぜんざい公社**（こうしゃ）」。極め付けだ。

お役所仕事を痛烈に皮肉ったネタ。公営の甘味屋、ぜんざい公社に行ったら、ぜんざい一杯食べるのに、何枚も書類を書かされる。

明治の終わり頃、上方の三代目桂文三（ぶんざ）が作った「**御膳汁粉**（ごぜんじるこ）」が、その後、多くの演者の手を経て「**ぜんざい公社**」になった。小南が演じていたので、落語芸術協会で関東の言葉に直して演じる人が多い。その流れで落語協会でも演じる人がいる。

一番おかしいのは、窓口で氏名、住所、職業を聞かれ、「会社員」と答えると、役職を聞かれ、その後も窓口でいちいち「会社員カッコ、ひら」と言われ続けるところ。ぜんざいを食べるのに、職業も役職も関係ない。窓口の男は「書類上の規則だから」といちいち「カッコひら」を復唱する。

国鉄や電話局、郵便局が民営化する現代でも、この落語が受けるのは、役所に手続きに行った時に必ず受ける、煩雑な手続きを知っているから。昭和40年代においては、それが普通で、窓口係の官僚に腹を立てながらも従わねばならない男、会社員カッコひらが、目をむいて驚き、怒り、文句が徒労に終わり、諦める、そのくり返しのおかしさだ。また、小南演じる冷淡な加害者たち、餅を焼くと言ったら、「消防署で火気使用許可をもらって来てください」とか、「餅焼かんでええですわ」と情けないまでに落胆する被害者の面白さがある。

小南は他にも、上方の大ネタ「**三十石**（さんじっこく）」「**胴乱の幸助**（どうらんのこうすけ）」「**菜刀息子**（ながたんむすこ）」「**帯久**（おびきゅう）」なんかも手掛けていた。「**貝野村**（かいのむら）」の馬鹿馬鹿しさ、「**堀越村**（ほりこしむら）」の牛の仕草など、忘れ難い高座はいくつもある。

注1：落語家。戦前、上方で活動、戦後不遇だったのを、東京に出て、六代目三遊亭圓生の身内となり、東京で上方落語を演じた。明治28～昭和39。

註2：落語家。上方で活動していたが、大正6年上京し、そのまま東京で上方落語を演じた。日本芸術協会で活躍。明治26～昭和42。

Rakugo Master Number 31

四代目 春風亭柳好(しゅんぷうていりゅうこう)「道具屋(どうぐや)」

大正10(1921)年1月5日~平成4(1992)年7月7日

横浜の出身。家業の魚屋を継いだが、落語家になりたく、昭和25年、三代目春風亭柳好に入門、春風亭笑好(しょうこう)。28年、二ツ目。師匠の没後、六代目春風亭柳橋(りゅうきょう)門下となる。33年、真打昇進で、四代目春風亭柳好を襲名。フジテレビ「お笑いタッグマッチ」に出演し人気となるが、その後は寄席を中心に活動。与太郎噺が定評。平成元年、落語芸術協会を脱会し、フリーで活動。サラリーマンの定年退職と思い、寄席を離れ頼まれた仕事だけやって、のんびり過ごそうとの考えだったが、わずか3年後に心筋梗塞で亡くなった。

「落語をやらしていただきます」

必ず最初に言う一言がおかしい。落語をやりに出て来たんだから、落語をやるんだろう。

落語家には自身のキャッチフレーズを持っている人がいる。春風亭柳昇は「大きなことを言うようですが、春風亭柳昇と言えば、今や、わが国では、私一人でして」。柳亭痴楽の「破壊された顔」なんかもそう。現代では、春風亭一朝[注1]の「いっちょうけんめい」なんかもある。

柳好は低音で遠慮気味に言う。「落語をやらせていただきます」。その間がなんともおかしい。

フレーズを言う落語家は、そのフレーズで客の受け方を見て、その日のネタを決めたりするらしい。案外、この一言が重要なのである。

四代目柳好は、「**野ざらし**」の三代目とはまったく異なる芸風。と言って陰気ではない。低い声でも声音が明るい。

柳好も寄席でよく聞いた。

与太郎噺が多かった。「**道具屋**」「**牛ほめ**」「**かぼちゃ屋**」、どれも面白かった。

与太郎以外だと、「**宿屋の富**」や「**青菜**」「**時そば**」なんかもやる。「**羽織の遊び**」は三代目譲り。
「**お見立て**」なんかもやっていた。花魁と田舎者の客との間で翻弄される若い衆の噺。花魁が死んだと嘘をついたため、若い衆は墓参りの供をする。花魁の墓なんてない。死んでないんだから。適当な墓を前に、客と若い衆のマヌケなやりとりがおかしい。花と線香の煙でごまかそうとするが、客が墓石を見ると違う名前、「墓、間違える奴があるか」「こっちです」。やたらとでかい墓。また、墓石を見る。「陸軍上等兵」、このクスグリは他の人もやるけれど、柳好のトーンの言い方がとりわけおかしい。

この一席は、やはり与太郎の代表噺「**道具屋**」だろう。

頭が弱く、奉公なんか出来ない与太郎。叔父が心配して、自分が道楽半分でやっている古道具屋をやらせてみようと考える。火事場で拾った鋸だとか、首の抜ける雛人形とか、ガラクタばかり。なんでそんなものを売らせるのか。柳行李に入れて背負って、叔父がいつも店を出している浅草の露天へ行く。

与太郎の口調がおかしい。だいたい与太郎は誰がやってもマヌケな口調になる。柳好は低くこもる声で、マヌケなことを言うおかし味がある。与太郎はゆっくり目、叔父さんや客はやや早口になる。

客も最初は江戸っ子の客が来るが、そのうちに、わけのわからない客も来る。言っているこことがよくわからない客。田舎者か。田舎から出て来た士族というような客。与太郎とはまた違うマヌケ。マヌケではないが、常識は通じない。マヌケだから、ゆっくりと喋る。

与太郎は仕方ないから「いらっしゃーい」を繰り返す。

客がなんか言うと、また、わからないから、「いらっしゃーい」。客が苛つくと、寄席は爆笑になる。

客が来る数で噺の長短も調整できる。この噺を得意にしていた柳好も、寄席の落語家である。

キントトレコードからCD「四代目春風亭柳好「道具屋・高砂や・宿屋の富・粗忽長屋 他」が出ている。そのなかの「**道具屋**」は、昭和62年10月27日にTBSラジオで放送された「ビアホール名人会」での高座を収録したもの。

注1：落語家。五代目春風亭柳朝門下。江戸前の落語で人気。笛の名手でもある。昭和25〜。

「四代目春風亭柳好」
「道具屋・高砂や・宿屋の富・粗忽長屋　他」
（発売元：キントトレコード）

Rakugo Master Number 32

三笑亭笑三「間違い」

大正14（1925）年10月28日～平成30（2018）年10月24日

東京早稲田の生まれ。旧制早稲田第二高等学院在学中、学徒動員で出征。終戦後、二代目三遊亭円歌に憧れて落語家を志す。昭和21年、紹介者があり、八代目三笑亭可楽に入門し、三笑亭可寿美。円歌の前座名、歌寿美からとった名前である。25年、二ツ目で、柳亭春楽。可楽が芸術協会を辞めフリーになったので、可楽のはからいで、円歌のもとに預けられ、落語協会に移籍、三遊亭歌風となる。この時、初代林家三平と仲良くなり、三平がラジオで売れたので、小噺の影作者となる。33年、芸術協会に戻り、三遊亭笑三。36年、真打昇進で、三笑亭笑三と改める。主に新作落語で活動。39年、「奥様ドライブ」（作・古城一兵）で芸術祭奨励賞。円歌の「呼び出し電話」なども継承、江戸川乱歩の小説を落語化して演じたりもした。晩年は、可楽譲りの古典も寄席で口演していた。落語界最高齢として活躍していたが、肺炎で死去。

笑三も寄席でよく聞いた。自作の新作落語「**交通安全**」なんてやっていた。中央分離帯の安全地帯に、「この安全地帯は危険です」って書いてある、とか。

林家三平の影作者をやっていたそうだ。三平は売れに売れて、遊びに遊んだ。毎晩のように銀座の高級店で飲み、笑三を連れて行って「先生、先生」と呼ぶ。作者だから先生だけれど、実は落語家の二ツ目。売れっ子の三平が「先生」と言うから、扱いも丁寧だったが、ある日、落語家だとわかったら、手のひらを返されたそうだ。（東京かわら版平成21年2月号「笑三成長記」）

可楽から「新作のほうが向いている」と言われ、五代目今輔に「**バスガール**」（作・有崎勉）を習い、二代目円歌から「**呼び出し電話**」（作・三代目三遊亭金馬）、「**空き巣の電話**」（作・大野桂）を習ったそうだ。

「**奥様ドライブ**」（作・古城一兵）[注1]で芸術祭の奨励賞受賞、その後は、古城や、大野桂らの作品も手掛けた。大野作品の「**家庭教師**」は日常の家族を描いたネタ、また、「**四次元列車**」なんていうSF作品も演じた。「奥様ドライブ」や「**家庭教師**」の妻は、二代目円歌の女性の演技を巧みに継承している。昭和のはじめの奥様が笑三の味にもなっていた。

江戸川乱歩の作品が落語に通じるものがあると、許可をとって、「**押し絵と旅する男**」

じていた。

や「**芋虫**（いもむし）」を演じた。これらの作品は、神田陽子（かんだようこ）、神田紅（かんだくれない）らの協力で芝居仕立てで演

晩年は寄席で「**悋気の火の玉**（りんきのひのたま）」「**てれすこ**」なんかを聞いたが、「可楽師匠に習った古典は忘れません」と言っていた。また、夏に浅草演芸ホールで、若手落語家たちとやる大喜利も恒例だった。笑三亡き後は、桂竹丸（かつらたけまる）注3が若手を率いて続けている。

新作、古典、乱歩に、大喜利といろんなことをこなして、落語界最高齢となっても長く健康で高座を務めていた。

笑三この一席は「**間違い**（まちがい）」をあげる。

新作落語だと思っていたが、昔からあるネタらしい。短い噺で、これもよく笑三が寄席で演じていた。笑三がやるから、新作風に聞こえた。楽屋の前座も新作だと思っていたらしく、ネタ帖にストーリーが似ているからと、「冬のソナタ」と書いてあったことがあるらしい。

息子が結婚をしたいと父親に言う。相手の名前を聞いた父親は、「絶対に駄目だ」と反対する。「お父さん、反対の理由を言ってください」「これは母さんには内緒だ。実は」。父親の話は、息子の相手の女性は、父親が若き日に浮気をして、他の女に生ませた子供

だった。つまり息子にとっては妹だ。だから、結婚は出来ないと言う。怒った息子は、すべてを母親に話す。すると母親は「大丈夫よ、結婚は出来ます」と言う。

そういう話です。

新作みたいな話。

こういうことは、昔も今も、日本でも韓国でも、よくある話なんだろう。よくある話だから、落語になるし、あ、そういうことなのか、と笑えるのである。自分の家庭のことじゃないからね。笑えるんだ。古典もちょっと趣を変えて新作風に聞かせるのも落語の面白味だ。

注1：演芸作家。団地やサラリーマンをモチーフにした新作落語を多く手掛ける。代表作「奥様ドライブ」「玄関の扉」「相合傘」など。昭和4～平成15。
注2：陽子、紅ともに女流講談師。二代目神田山陽門下。
注3：落語家。桂米丸門下。「五稜郭」など歴史を題材にした新作落語を得意とする。昭和32～。

Rakugo Master Number 33+

四代目 柳家小せん「無学者」

大正12（1923）年7月24日〜平成18（2006）年12月10日

東京下谷の生まれ。父は百面相（色物芸。手拭などの道具も用いて、顔真似、形態模写をする。）の二代目柳家小満ん。戦時中はインドネシアで戦う。復員後、昭和24年、九代目柳家小三治（五代目柳家小さん）に入門し、小満輔。26年、二ツ目で、小きん。36年、真打昇進で、四代目柳家小せん。フジテレビ「お笑いタッグマッチ」はじめ、大喜利番組に多数出演。主にボケ役で活躍。テレビ出演で「ケメ子」などの流行語を生んだ。その後は、寄席中心に活動。得意ネタは「無学者」「犬の目」「あくび指南」「動物園」など。肺炎で死去。

大喜利番組のボケ役で人気だった。ほとんど、解答なんかしない。出来ないフリで笑いを誘う。

昭和40年代は、テレビの人気者だった。

50年代半くらいから、寄席で活躍。これがまた面白い。

短いネタでドカンと笑わせる。

テレビで見たことのある顔。見たことなくても、独特の風貌が面白い。で、駄洒落とか、繰り出す。味のある落語っていうのは、小せんのことを言うのだろう。

「都民寄席」というのがあって、東京都民に落語を楽しんでもらおうと、都内にあるいろんな都営、区営のホールで開催されているのだが、あまり落語に接する機会のない人たちのためのものであるから、郡部や離島にも行く。離島での公演のトリを長く、小せんが務めていた。若手落語家を引き連れて行き、若手にたっぷりやらせたあと、自分は短めにやって、最後は必ず大喜利だったそうだ。大喜利に真骨頂を見せるのが、小せんで、離島の人たちに楽しんでもらうために、若手を引き連れての公演だったようだ。

寄席でいろんなネタを聞いている。「**あくび指南**（しなん）」「**鮑のし**（あわび）」「**動物園**（どうぶつえん）」「**たいこ腹**（ばら）」など。結構たっぷりやっているし、「**鮑のし**」や「**動物園**」は主人公が少しボーッとした人物だから、小せんの任にあっていて面白かった。

テレビで人気の頃から寄席でもやっていた、短いネタで「**無学者**（むがくしゃ）」がある。

「**やかん**」の前半だ。知ったかぶりをしている先生に、なーんにも知らない男がいろいろ聞く。先生はこじつけで答えるのだが、ネタは一応昔からあるが、そのあたりの応対に、落語家の工夫が見られるのも楽しみの一つ。

小せんの「**無学者**」は小せん独自のもので、そのあとの落語家の多くが、小せんのクスグリを踏襲している。何故か。あまりにも馬鹿馬鹿しくて、受けるからだ。

「マグロっていうのはどうしてマグロっていうんですか」

「真っ黒い魚だから、マグロだ」

「刺身は赤いよ」

「魚が刺身で泳ぐか」

こんなような感じで、魚の名前を聞いてゆく。

「コチっていう魚はどうしてコチっていうんですか」

「皆、同じ方向、こっちに泳いでくる」

くだらない。でも面白い。

「アンコウは?」

「アルカポネが好んで食べた。暗黒街（アンコウ食うガイ）の魚だ」

当時、外国ドラマ「アンタッチャブル」が人気だった。それで暗黒街。

「クジラっていうのはどうしてクジラです？」

「あの魚はいつも潮を吹く時間が決まっている。8時50分を過ぎても吹かない……」

馬鹿馬鹿しいことを、トボケた口調で楽し気に語るから、おかしい。落語なんて馬鹿馬鹿しいものだと気づかせてくれる。寄席には大事なキャラクターなのである。

Rakugo Master Number 34

五代目 春風亭柳朝（しゅんぷうていりゅうちょう）「錦（にしき）の袈裟（けさ）」

昭和4（1929）年10月29日〜平成3（1991）年2月7日
東京、芝の生まれ。志願兵で海軍へ。戦後は職を転々とし、昭和25年、五代目蝶花（ちょうか）楼馬楽（ろうばらく）（八代目林家正蔵（はやしやしょうぞう））に入門し、蝶花楼小照（こてる）、すぐに林家小照と改名。27年、林家正太（しょうた）、28年、二ツ目で、林家照蔵（てるぞう）。37年、真打昇進し、五代目春風亭柳朝を襲名。大喜利番組などに出演し、人気者となる。40年、ハリウッド映画「勇者のみ」に出演、フレッド・アスティアと共演。40〜49年、古今亭志ん朝（ここんていしんちょう）と二人会「二朝会」（イイノホール）で鎬を削る。57年、脳梗塞に倒れ、10年近くの闘病ののち亡くなる。江戸前の芸が高く評価、吉川潮（よしかわうしお）の小説『江戸前の男』（新潮社）にその生涯が描かれた。

江戸前の啖呵がよかった。普通に喋る口調がトントントントントンと江戸前なのである。

「大工調べ」「**天災**」、スカッとする。

「粗忽の釘」「啞の釣り」、爆笑だ。

威勢がいい。与太郎や甚兵衛さんをやったって、ちょっと舌足らずの威勢のよさを聞かせる。自然な噺の心持ちよさに酔う。さらには、どこかダーティなものを感じた。ちょっと悪いほうがカッコよく見える。悪意が柳朝の魅力でもある。

「啞の釣り」の殺生禁断の池へ鯉を釣りに行き、山侍を手玉にとる七兵衛、親でも殴る**「天災」**の八五郎。

江戸っ子はナリを気にする。カッコいいのがいい。だから、威勢がいいけど中身はない。

色気もある。女の演技がとくにうまいわけではない。だから、花魁が主役のネタはあまりやっていない。男が語る女に色気がある。

「粗忽の釘」のかみさんとの若き日の馴れ初め話をテレもせずまくし立てるマヌケな熊さんに、惚気話の色っぽさがあって、馬鹿馬鹿しい話が際立つ。

日曜日の末広亭の中継、大喜利「お笑い七福神」のレギュラー。ポンポンポンポンと威勢よく解答していた。

人気者だから、稼ぎも多かったのだろう。美食を好み、お洒落だった。着物も洋服も、一流のものを着ていた。

ところが、柳朝の住居は一間のアパートだった。人間、何にお金を掛けるか。芸人だから、外でカッコよければいい。他人に見せない生活にはお金は掛けない。ホントに一間のアパートで、春風亭一朝（いっちょう）が弟子入りした時は、柳朝夫婦と川の字で寝ていたという。

酒の飲み方も変わっている。一箇所に長居はしない。一杯飲んだら店を出て、別の店に行く。一杯飲んで出て行く柳朝を見てバーテンが「もうお帰りですか」と声を掛けたら、「追われている身だ」と言ったという。わけわかんない。でも、長っ尻をしないのが江戸っ子というのは、わからなくはない。

この一席は、馬鹿馬鹿しさの極みで「**錦（にしき）の袈裟（けさ）**」。

町内の連中が錦の褌の揃いで吉原に繰り出すことになった。なんでそんなことに団体行動をとるんだろう。馬鹿を承知で、皆でわいわい、それが江戸っ子。ようは暇で、職人で稼ぎもある。

主人公は他の落語家は与太郎が多いが、柳朝は熊さん。錦の褌の手配が出来ない熊さんは女房に泣きつき、女房の知恵で寺の和尚から錦の袈裟を借り、女房に褌に締めてもらっていざ吉原へ。遊女買いの算段を女房に頼む熊さんに、それを送り出す女房、もう達観している？　そんな状況が、自然体で語ってゆくのが柳朝。なんでもござれだ。怖いものなんかない。熊さんの褌は、他の連中の褌と違い、ピカピカ輝いている。錦の褌の団体、これは華族様のお忍びだ、中でお殿様がいる。

こんな馬鹿馬鹿しい噺を、リズミカルに淡々と話す。落語の中から出て来た、ちょっと太った江戸っ子のおじさん、それが柳朝だ。そんな柳朝が聞かせる落語は自然におかしいのである。

第4章

メディア時代の落語家たち

高度経済成長で街の景観が変わり、世の中から落語の景色が消えていく。古典落語がわかり難い時代。いや、落語がわかり難くなったので、古典として、生き残る道を見出そうとしていたのかもしれない。

一方、テレビの時代。茶の間にテレビが鎮座する。昭和40年代くらいまでは、大喜利番組や寄席中継も頻繁に放送されていた。しかし、お笑いはやがて、落語から漫才、コントが中心となり、演芸以外の、クレージーキャッツやドリフターズが人気の主流となってくる。

そんな中、昭和40年にスタートした番組が、今も高視聴率で放送されている「笑点」（NTV系）だ。最初は「金曜夜席」でスタート、対談コーナーと当時の若手落語家による大喜利が内容。当時キャバレーの余興で落語家たちが、即興で小噺や謎掛けなどをやった芸をテレビ的に直したモノである。スピーディで多様な笑いが綴られて人気が出た。同番組は金曜の夜から、日曜の夕方に放送時間が代わり、タイトルも「笑点」となった。当時の「笑点」は他の寄席番組とは一線を隔す、スピーディさと風刺の利いた笑い、そして座布団をやりとりするというビジュアル的な面白さがテレビ的だった。

「笑点」の初代司会者は立川談志、落語が能のような古典となることを憂いていた談志は、現代の落語に警鐘をうながす『現代落語論』を著した。一方、五代目柳家つばめは『創作落語論』で、落語は本来、大衆とともにあるもので、それに応えられるのは新作落語であると語った。

談志は「笑点」の他に、「やじ馬寄席」（昭和46〜55年放送、NTV系）にも出演、現在のお笑いタレントがやっているような体を張ったルポなどを落語家がやったりしてテレビ時代に落語家が何を出来るかを問い掛けた。

月の家圓鏡（八代目橘家圓蔵）は「お笑い頭の体操」（昭和43〜50年放送、TBS系）に出演、同番組は大喜利をやらせる番組で、圓鏡は構成も務めていた。

ワイドショーの初期もこの頃放送され、三笑亭夢楽（さんしょうていむらく）、古今亭志ん馬（ここんていしんば）[注2]らはコメンテーターとして登場、当時の若手落語家もレポーターを務めたりもしていた。

落語家のメディアとの関わりが問われる時代であった。

注1：タレント。ジャズ評論家、放送作家として活動後、自らテレビに登場し、「お笑い頭の体操」「クイズダービー」など多くの番組の司会を務めた。昭和9～平成28。

注2：八代目古今亭志ん馬　落語家。五代目古今亭志ん生門下。テレビのワイドショーの司会、コメンテーターなどで活躍、テレビドラマ「いじわるばあさん」にも主演。昭和10～平成6。

Rakugo Master Number 35

七代目 立川談志「金玉医者」

昭和11(1936)年1月2日〜平成23(2011)年11月21日

東京小石川の生まれ。昭和27年、五代目柳家小さんに入門、柳家小よし。29年二ツ目、柳家小ゑん。湯浅喜久治が主催する「若手落語会」に抜擢される一方、日劇のステージにも出演、キャバレーなどの余興でも活躍する。38年、真打に昇進し、七代目立川談志を襲名。41年、テレビ番組「金曜夜席」(のちの「笑点」NTV系)の初代司会者を務める。「やじうま寄席」(NTV系)、「談志・円鏡歌謡合戦」(ニッポン放送)などテレビ、ラジオなど幅広く活躍。44年、衆議院議員総選挙に立候補するも落選。46年、参議院議員選挙に無所属で出馬し全国区で当選(当選後、自民党に入党)1期6年務める。50年には沖縄開発庁政務次官となるが、すぐに辞任する。58年、真打昇進試験制度をめぐり師匠、小さんと対立、一門とともに落語協会を脱会し、落語立川流を創設し家元となる。先人より受け継いだ古きよき落語の世界観をこよなく愛する一方で、その世界観と現代のズレに悩み続けた。「伝統を現代に」と訴え、「落語とは人間の業の肯定」「イリュージョンこそが人間の業の肯定の最たるもので、そこを描くことが落語」といった独自の理論を打ち立てた『現代落語論』（三一新書）にはじまり、『あなたも落語家になれる〜現代落語論其の二』（三一書房）、『談志最後の落語論』（梧桐書院）など多くの著書を著し、落語家や研究者にも多くの影響を与えた。得意ネタは「芝浜」「黄金餅」「らくだ」「源平」「やかん」「金玉医者」「代書屋」「紙入れ」など。

「笑点」はじめ多くのメディアで活躍、昭和46年には参議院議員になるなど、とにかく話題を振りまいた。

土曜のお昼にやっていた「やじうま寄席」（NTV系）は好きだった。落語家がいかに頭がいいかを競うクイズ形式の大喜利とか、玄人のど自慢とか、月の家圓鏡と毒蝮三太夫[注1]がレギュラーで、談志一門の、いまのぜん馬[注2]（当時・朝寝坊のらく）や、女流講釈師第一号の宝井琴桜[注3]なんかも出ていた。現在のお笑いタレントがやっているような体を張ったルポなどを落語家がやったりして、これは当人に確認もしたが、紙切りの林家正楽[注4]（当時・一楽）は筏で川に流されながら、橋の上から注文を受けて紙を切っていた。そういう、落語家（寄席芸人）がメディアで何が出来るかの問い掛けをやっていたんだ。

一方で寄席大好き。沖縄開発庁政務次官を辞任した時の記者会見で、「俺には浅草演芸ホールが待っている」なんて言葉を残して去って行った。

高座でよく、三代目柳好や、留さん文治（九代目桂文治）なんていう寄席の名人の話をしたり、落語だけじゃない、東武蔵[注5]、春日清鶴[注6]、広沢菊春[注7]なんていう寄席読み浪曲師の話や、五代目一龍斎貞丈とか、講談の名人の話もしていた。初代木村松太郎[注8]なんていう人をメディアや寄席に引っ張り出したのも談志だ。松太郎の「**慶安太平記**」は筆者も聞いた。ノスタルジックなだけかもしれないが、立川談志という人がここまで落語や浪曲、講談、寄席を愛していたことが、今の演芸界に与えている影響は大きい。

昭和50年代半ば、談志はよく池袋演芸場でトリをとっていた。その時には、談志の前は当時の二ツ目の実力者が出た。いまの五街道雲助、古今亭志ん橋、柳家権太楼らだ。当時は若手が寄席に出られない時代だ。優秀な若手を寄席に引き上げる、みたいなこともしていた。その時に、**「野ざらし」「代書屋」「へっつい幽霊」**なんかを聞いた。

ホール落語にも出ていて、**「らくだ」「疝気の虫」**など忘れられない高座はいくつもある。

昭和58年、落語協会を脱退し落語立川流を設立、家元になってからは、談志は寄席には出ないし、ホール落語にもあまり出なくなった。談志を聞きたいと思ったら、「談志ひとり会」（国立演芸場）など、談志を聞こうと思って出掛けないと聞くことが出来なくなっていった。それでもいいと言えば、別にいいんだ。談志はそういう存在なんだ、と思えばいい。

筆者は談志の高座からは遠ざかったが、それでも誰かの会にゲストに出た時などには聞いた。あと、浪曲の寄席、木馬亭の特別公演に出ることがあった。落語はやらない。昔の浪曲の、武蔵、清鶴の思い出話だ。自分がいかに、それらの芸が好きだったかを語るんだ。

「芝浜」「らくだ」「黄金餅」「小猿七之助」「粗忽長屋」など、談志のこの一席をあげるとしたら、そうだなぁ、やはり「**金玉医者**(きんたまいしゃ)」かな。
晩年、ゲスト出演などで出る時はたいてい「**金玉医者**」だったそうだ。筆者も談志の最後の高座は「**金玉医者**」。金玉、金玉、言うなよ。

気鬱病のお嬢様を見舞った医者。立膝で脈をとったら、お嬢様から金玉が見えて、お嬢様は大笑いして気鬱病が治った。って、そんなネタ。馬鹿なネタ。談志は「**勘定板**(かんじょういた)」なんかもやっていたけれど、決して汚くはやらない。汚くやって大きな笑いを取るやり方もあるが、そこは落語の美学。いや談志の美学。「**金玉医者**」もそうで、そこにエロスはない。そうね、子供がさ、金玉とかウンコとか言って喜んでいる、あの感覚。いたずらっ子談志の見え隠れするネタが「**金玉医者**」だった。
ＣＤは、「立川談志 プレミアム・ベスト落語ＣＤ集「金玉医者・白井権八」」が日本コロムビアより出ている。「**金玉医者**」は、平成13年9月9日に東京芸術劇場で行われた特選落語名人会でのもの。

注1：タレント、俳優。特撮ドラマ「ウルトラマン」「ウルトラセブン」に出演。その後、「笑点」「やじうま寄席」（ＮＴＶ系）や、ラジオの毒舌で活躍。昭和11～。
注2：立川ぜん馬。落語家。立川談志門下。立川流に所属、古典落語で活動。昭和23～。

注3：講談師。五代目宝井馬琴門下。「平塚らいてう」「与謝野晶子」など、活躍した女性を描く新作講談を創作、口演、また馬琴ゆずりの古典でも活躍。昭和24〜。

注4：紙切り。二代目林家正楽門下。紙切りの名人として寄席で活躍。昭和23〜。

注5：浪曲師。寄席読みの名人として活躍。娘は青年座の女優、東恵美子。明治26〜昭和45。

注6：浪曲師。啖呵読みの名人で、「野狐三次」などを得意とした。明治27〜昭和45。

注7：二代目広沢菊春　浪曲師。池上勇のペンネームで、ラジオ民放で多く浪曲台本を執筆口演。また、寄席に出て落語家と交流し、「崇徳院」など落語浪曲も口演した。大正3〜昭和39。

注8：浪曲師。江戸前の寄席読みで活躍。晩年、立川談志らのすすめで寄席に出て人気。「慶安太平記」などが得意ネタ。大正2〜昭和60。

「立川談志　プレミアム・ベスト落語CD集」
「金玉医者・白井権八」
（提供：日本コロムビア）

Rakugo Master Number 36+

五代目 柳家つばめ「佐藤栄作の正体」

昭和3（1928）年4月30日〜昭和49（1974）年9月30日

宮城県石巻出身。国学院大学卒業、神奈川県藤沢で中学校の教員となる。漫画家、清水崑の弟子でもあり、絵も達者。つばめの紋付の般若は自筆。昭和27年、五代目柳家小さんに入門。立川談志とはほぼ同期。29年、二ツ目で、五代目柳家小山三。35年、夢月亭歌麿と改名。38年、真打昇進で、五代目柳家つばめを襲名。「腹ぺこ太平記」「歯医者の恐怖」など自作の新作落語を中心に活動。やがて、「佐藤栄作の正体」など、社会風刺の効いた人物伝で人気を博す。

著書に『創作落語論』『落語の世界』、作品集『つばめ政談、私は栄ちゃんと呼ばれたい』などがある。

肝硬変で死去。46歳の若さで亡くなる。当時の名人たちの信頼も篤く、つばめがもし生きていたら、落語協会分裂騒動は起こらなかったであろうとまで言われている。

子供の頃、テレビで見たことはあるが、何せ子供だから。政治のネタとか、よくわかんなかったから、ほとんど覚えていない。

つばめを聞いたのは、亡くなってから。ラジオで聞いた「**トイレット部長**」（作・藤島茂）、「**松下幸之助伝**」だけである。

ただ『創作落語論』『落語の世界』の著書には影響を受けた。これらに影響を受けている落語家、落語関係者は多いと思う。

『落語の世界』は落語入門書でもあるが、落語入門書というよりも落語家入門書であろう。いきなり自殺した落語家の話から入る。それだけで興味を引かれるかもしれないけれど、読みたくなくなるかもしれない。踏み絵みたいな本だ。

普通自殺する人は、生活苦、借金が返せなかったり、失恋したり。落語家は生活苦や失恋くらいでは自殺しない。借金なんか踏み倒せばいいし、失恋したら「次はもっといい女に会える」くらい前向きでないと芸人なんて務まらない。落語家が自殺する理由は、芸道の苦しみだという。落語にむしばまれ、泥沼に落ちた時、落語家は自殺を考える。受けたいのに受けない、芸に行き詰まれば辞める、という選択肢もあるのに、落語には、落語を続けるか死ぬかの選択肢しかない魅力があるのだという。

ただ、落語は時代の変貌の中で、その姿を変えようとしていた。日常を語り、大衆とともにあったはずの落語が、大衆と離れた。大衆が変わったのか、八つぁん、熊さんはそこにいない。では落語が大衆とともにある道はという模索の答えとして、「古典落語は邪道、新作落語で大衆とともに歩む」ことを語ったのが『創作落語論』だ。

立川談志が「業の肯定」ということを言った。昭和40年の『現代落語論』では言っていない。60年の『現代落語論　其の二』でだ。48年の『創作落語論』で、つばめは「業の肯定」を言い、落語の語るべきものは「色と欲」だとも言っている。

業でも色でも欲でもいい。人間の本質、醜さ、そこに感じるおかしさを描ければ落語なんだ。

つばめ、この一席は「**佐藤栄作の正体**」をあげたい。聞いてないけれど、本がある。

佐藤栄作[注1]は第61代の内閣総理大臣、沖縄返還を成し、ノーベル平和賞を受賞した。その佐藤栄作を徹底的にこきおろす。最後は、若き日に兄の岸信介[注2]と一緒に女風呂をのぞきに行く、「佐藤栄作の正体というバーカバカしいお笑い」。馬鹿馬鹿しいんだ。佐藤も岸も、やっていることは馬鹿馬鹿しいんだ。

大衆を顧みず、アメリカの顔色ばかりうかがっている。国民が安保に反対したのは左傾化じゃない。もう戦争は嫌だから反対するんだ。

つばめの作品集『つばめ政談、私は栄ちゃんと呼ばれたい』には、佐藤栄作の他、吉田茂[注3]、美濃部亮吉[注4]、ゲバラ[注5]、ド・ゴール[注6]、川端康成[注7]、毛沢東[注8]、松下幸之助[注9]、三島由紀夫[注10]らが取り上げられている。

毛沢東は「**マルクス・アンド・エンゲルス落語**」、松下幸之助は立志伝で「**人生希望落語**」、三島由紀夫は「**特報落語**」、割腹事件のすぐあとに作られたのだろう。本は時間が経っているが、寄席はそれこそすぐに掛けたんだろう。

政談落語が面白いかと言えば難しいが、つばめが生きていれば、別の何か、現代の大衆が求める新作が作られていたかもしれない。

注1：政治家、第61〜63代総理大臣。鉄道省の官僚から政治家となる。沖縄返還などで、ノーベル平和賞を受賞。兄は岸信介。明治34〜昭和50。

注2：政治家、第56、57代総理大臣。戦犯となるがサンフランシスコ講和条約で公職復帰、政治家として活動。日米安保条約に尽力。弟は佐藤栄作。明治29〜昭和62。

注3：政治家、第45、48〜51代総理大臣。外交官から政治家となり、戦後復興、サンフランシスコ条約締結に尽力した。明治11〜昭和42。

注4：政治家、第6〜8代東京都知事。経済学者だったが、社会党、共産党の推薦で都知事となり革新都政を行う。知事退任後は参議院議員となる。明治37〜昭和59。

注5：チェ・ゲバラ　キューバの革命家。アルゼンチンの生まれ。キューバに渡り反乱軍を指揮し、キューバ革命を成功に導く。その後もアフリカや南米で戦い、最後は南米で捕らわれ処刑された。日本の学生運動が用いたゲバ棒はゲバラが語源。１９２８〜６７。

注6：シャルル・ド・ゴール　フランスの政治家、第18代大統領。アルジェリア独立の承認、フラ

ンスの核武装などを行った。1890〜1970。

注7：作家。『伊豆の踊り子』『雪国』などを執筆。ノーベル文学賞受賞。明治32〜昭和47。

注8：中国の革命家で政治家。抗日戦を繰り広げ、第二次世界大戦後、蔣介石の国民党を台湾に追い、共産党支配による中華人民共和国を樹立した。1893〜1976。

注9：企業家。松下電気（現・パナソニック）を創業、ソケットの販売から、家電メーカーとして世界的な企業と成長させた。明治27〜平成元。

注10：作家。「潮騒」「金閣寺」「憂国」などを執筆。民兵組織・盾の会を結成。昭和45年、自衛隊員にクーデターを呼び掛け、割腹自殺した。大正14〜昭和45。

Rakugo Master Number 37

三代目 古今亭志ん朝「鰻の幇間」

昭和13（1938）年3月10日〜平成13（2001）年10月1日

東京駒込の生まれ。父は五代目古今亭志ん生、兄は十代目金原亭馬生。獨協高校卒業。外交官、俳優などをめざすが、落語家を志し、昭和32年、父、志ん生に入門、古今亭朝太。34年、二ツ目。36年、NHKドラマ「若い季節」にレギュラー出演。共演者の三木のり平を慕い、のり平の舞台に出演するようになる。37年、真打昇進し、三代目古今亭志ん朝。フジテレビ「サンデー志ん朝」放送。「鬼平犯科帳」「必殺シリーズ」などのテレビドラマ、のり平や山田五十鈴の舞台などでも幅広く活動。落語家としても、ホール落語で、志ん生や八代目桂文楽のネタを多く掛けた。雷門助六を担ぎ、東宝名人会で「住吉踊り」を公演、その後、「住吉踊り」は浅草演芸ホールで公演され、協会の枠を越えて、多くの落語家、色物が出演、夏の風物詩となった。馬生の死後は古今亭の総帥として、寄席にも出演。「粗忽長屋」「強情灸」など軽いネタの他、「男の勲章」と題した漫談を演じることもあった。平成13年、芸術選奨文部科学大臣賞。肝臓癌で死去。

志ん朝の死を「落語の終焉」と書いた評論家がいた。その数年後、落語ブームが起こった。終焉してねえじゃん。

「落語の終焉」と書いた評論家の真意は、おそらく志ん朝が亡くなって口惜しいって気持ちからだろうが、それだけで「終焉」と言われたら、落語家や今の落語ファンに失礼だし、あんたの好きな落語ってそんなもんかと言いたくなる。だがね、ある意味では「終焉」なのかもしれない。古典落語という、落語の根幹的な部分は大きく変化し、もしかしたら、その評論家の好きだった落語は終焉したのかもしれない。そして、筆者が好きな落語も、もしかしたら終焉に近付いているのか。

そんなのは、爺の評論家も筆者も、すぐ死んじゃうんだから、いいんだよ。現代の人たちが聞いて楽しい落語が作られてゆく。それでいいんだ。でも、古いからいいものもあるし、出来るものは継承していってもいいんだ。いや、志ん朝の芸となると、ちょっとやそっとでは継承は出来ない。

志ん朝はホール落語でよく聞いた。勢いがある。出て来ると、パアッと明るくなる。そして、あのテンポで、ぐいぐい噺に引き込んでいく。

晩年は寄席でも聞いた。「**男の勲章**（おとこのくんしょう）」は入れ歯が気になってフランスパンを食べられないとか、俳優の山田吾一（やまだごいち）注1と間違われたとかって漫談。ちょっと寂しかったなぁ。でも、やはり志ん朝が出て来ると舞台は明るくなった。

普段、落語なんか見ないというような妙齢なご婦人を寄席に呼んだのも志ん朝。「朝さま」と呼ばれていた。落語聞きに行くんじゃない。朝さまに会いに行く。アイドルだ。

志ん生譲りの「**火焔太鼓**」、文楽をめざした「**愛宕山**」「**明烏**」もよかったね。何、聞いても面白かった。

志ん朝この一席は「**鰻の幇間**」にしよう。「**鰻の幇間**」は志ん生も文楽も、それから、圓生もやっていたけれど、それぞれの形が違う。

志ん朝の台本は志ん生のものを踏襲しつつ、文楽、圓生の味わい、技を加味している。

夏のある日、幇間の一八は贔屓の旦那が避暑に行ってしまい、仕事がなくて困っている。岡釣りだと土産を持って無沙汰の旦那を訪ねるが留守で、土産だけ取られる。途方に暮れて歩いていると、どっかで見たことのある男と会うが、誰だか思い出せない。男は一八を「師匠」と呼ぶから、どっかの座敷で会っているはず。とりまいて祝儀をもらおうと思い、男に連れられるまま鰻屋へ行く。

「狐が三匹でジャンケン」などのクスグリは志ん生だろうが、幇間の心情がリズミカルに綴られるところは文楽だろう。野幇間なんだけれど、お座敷に出る品が、一八にある。

外向きの品と同時に、本音のいやらしさも圧巻。一八の女中への小言がすさまじい。強いものには媚び、弱い者には強気になるんだ。まずい酒や鰻を出す店が悪いのだが、ここまで言うか。志ん生のネタを文楽の色合いで語り、志ん朝の「**鰻の幇間**」を作り出している。文楽のように聞いていると、さらに一押しの志ん生落ちが待っている。

志ん朝は志ん生から受け継いだ天性の芸もあるし、育った環境など（志ん朝が生まれた頃は志ん生一家は貧乏ではなかった）もあるのだろう。また、志ん朝は努力家でもある。三木のり平[注2]の舞台などで学んだことを落語に生かしている。先ごろ亡くなった一(いち)龍斎貞水(りゅうさいていすい)[注3]の話では、志ん朝は前座時代、「巷談本牧亭」で知られる講談師、桃川燕雄(ももかわえんゆう)[注4]に講談を習いに行っていたらしい。そうした努力が、あの澱みない威勢のいい啖呵を作り上げていったのだろう。志ん朝は天才なだけではない。名人は一夜にならずだ。

CDは、「志ん朝初出し５「火焔太鼓・鰻の幇間」」がソニー・ミュージックから出ていて、「**鰻の幇間**」は昭和52年５月25日のTBSラジオを収録したもの。

注１：俳優。テレビドラマ「事件記者」などで活躍。その後も映画、テレビに脇役で多数出演。昭和８〜平成24。
注２：俳優。東宝映画「社長シリーズ」などで活躍。舞台で、多くの喜劇作品の主演、演出を手掛ける。古今亭志ん朝が師と仰いだ。大正13〜平成11。
注３：講談師。五代目一龍斎貞丈門下。古典の伝承の他、怪談に新境地を開く。講談界初の人間国

宝。昭和14～令和2。＊最後のインタビューは著者が行った。
注4：講談師。安藤鶴夫の小説「巷談本牧亭」の清貧の講談師のモデル。ネタ数の多さと確かな芸に憧れ、貞水、馬琴、一鶴らは稽古に通ったという。明治21～昭和39。

「志ん朝初出し」
5「火焔太鼓・鰻の幇間」
（素材提供：㈱ソニー・ミュージックダイレクト）

Rakugo Master Number 38

五代目 三遊亭圓楽（さんゆうていえんらく）「浜野矩随（はまののりゆき）」

昭和7（1932）年12月29日～平成21（2009）年10月29日

東京浅草の生まれ。実家は浄土宗の寺。浅草にあったが竹の塚に移転。杉戸農業学校を卒業。昭和30年、六代目三遊亭圓生（えんしょう）に入門、三遊亭全生（ぜんしょう）。33年、二ツ目。37年、真打昇進し、五代目三遊亭圓楽を襲名。40年、NTV系「金曜夜席」にレギュラー出演、番組が「笑点」と変わっても出演を続ける。「星の王子様」のキャッチフレーズで人気を得る。52年、落語に専念するため番組を降板するが、57年、三波伸介（みなみしんすけ）の死で、司会者として復帰する。53年、落語協会分裂騒動で、師匠とともに落語協会を脱会、三遊協会に加わる。54年、圓生の死で、他の一門は協会に戻ったが、圓楽とその一門は戻らず、大日本すみれ落語会を設立する。その後、「落語円楽党」「落語ベアーズ」「圓楽一門会」と名を変え、圓楽亡き現在は「五代目圓楽一門会」、60年、自費で、江東区に寄席「若竹」を建てるが、平成元年に閉鎖。18年、「笑点」勇退。19年、旭日小授章。肺癌で死去。

「星の王子様」ってキャッチフレーズ、長い顔で、ガハハハハと笑う。「笑点」に出ていた。落語家というよりも、タレントっぽく思っていた。林家三平や月の家圓鏡（八代目橘家圓蔵）はどれだけテレビに出ていても落語家なのに、圓楽は何かが違った。

分裂騒動の前は寄席でも見た。「**千早振る**」とか、「**短命**」「**目黒のさんま**」なんかを聞いた。その時も、ガハハハハと笑っていた。

笑う圓楽がいつから泣き出したのか。圓楽の売りはいつの日か「泣き」になった。

分裂騒動のあとは、もちろん寄席には出ていない。圓生亡きあとはホール落語によく出演した。「**浜野矩随**」「**中村仲蔵**」「**芝浜**」なんかをやっていた。いわゆる人情噺。

それには理由もあり、また、落語家が地方公演をやる時の雛形を圓楽が作った。

分裂騒動で、三遊協会、すなわち、圓生も圓楽もその一門も、寄席に出られなくなった。

昭和50年頃の落語家の生活は、なんのかんの言って、寄席が中心だった。寄席に出演しながら、大小いろんな落語会、テレビ、ラジオのマスコミの仕事、お座敷などをこなしていた。落語会は寄席よりも、はるかに高いギャラの仕事だが、寄席に出ていることで落語会から呼ばれることも多くなる。圓生クラスになれば、寄席はごくたまに出て、「**四宿の屁**」でもやっていればよかったが、多くの落語家は寄席に出ることで、落語会やマスコミの仕事に繋げていった。

その転換期がまさに分裂騒動で、寄席に出られなくなった圓楽らは、積極的に地方などにも営業を掛けるようになる。おりから、都市の一極集中が問題となり、地方の活性化が言われはじめた時代で、地方に５００人、１０００人規模のホールが建てられはじめる。

大小いろんな落語会と言ったが、東京の落語会は、東横落語会や三越落語会のようなホール落語以外は、１００〜３００くらいの小ホールで行われていた。落語はせいぜい３００くらいがちょうどよいと言われていた。だが、大きなホールを満員にすれば、入場料も増える。つまり地方の大きなホールで公演すれば儲かる、というのがわかってくると、落語会も地方での大きなホールの会が増えて来る。

その時代に積極的に動いたのが圓楽で、何せ「星の王子様」だから。テレビで名前が知られていれば、地方の落語会も開催しやすかった。

もちろん、有名人だというだけでは、二度三度とは呼ばれない。客を満足させるための試行錯誤の結果は、二席の独演会。前席は滑稽ネタをやり、後半は、たっぷり人情噺を語る。

圓楽この一席は「**浜野矩随**」。

明和から安永の頃に活躍した腰元彫の名人、浜野矩安。腰元彫りとは、目貫、小柄、柄頭（刀の外装。目貫は茎（なかご／刀身の刃のない下の部分）を柄に固定させるための金属、小柄は小さい刀で緊急時に投げたりもする、柄頭は切っ先と反対側の金属部品。それぞれ装飾品として価値が高まっていった。）にほどこす彫刻をいう。矩安は若くして亡くなる。倅の矩随が跡を継いで母親を養うが、矩随は不器用で、作品と言えば、狸のような河童とか、とても商品にならない。道具屋に罵倒され死を覚悟した矩随に、母は形見に観世音菩薩の像を作ってくれと言う。やがて、矩随は父を超える名人となるという、ほろりと泣かせる噺。

ほろりと泣かせる噺をトリでたっぷりやると、地方のお客さんは喜んだ。以来、ほろりと泣かせる噺をやる落語家が増えて、地方の落語会におけるプログラムの定番が出来ていった。

「**芝浜**」を濃く演じて、泣かせる噺にしたのは、談志（だんし）と圓楽だ。

圓楽の凄いのは、お客をほろりと泣かせるために、自分が矩随になりきり号泣してしまう。いい悪いは言わないが、感動を呼び起こすやり方のひとつ、なのだろう。

Rakugo Master Number 39+

八代目 橘家圓蔵「寝床」

昭和9(1934)年4月3日〜平成27(2015)年10月7日

東京、平井に生まれる。昭和27年、四代目月の家圓鏡(七代目橘家圓蔵)に入門し、橘家竹蔵。30年、二ツ目で、橘家升蔵。二ツ目時代から、ラジオのDJで売れはじめる。40年、真打昇進で、五代目月の家圓鏡。大喜利番組に多く出演、謎掛けの速さで評判を得る。「うちのセツコ」のフレーズでも人気。タレントが大喜利をやる「お笑い頭の体操」(TBS系)にもレギュラー出演し、茶の間の人気者となる。ラジオでもニッポン放送の昼の番組でレポーターを務め「午後2時の男」と呼ばれた。また、エバラ焼肉のタレのCMに出演、土日はエバラのイベントで一門を率いて全国を回った。50年代後半になると、立川談志のすすめで古典落語に取り組むこととなり、その後、談志、志ん朝、圓楽、圓鏡で四天王と呼ばれた。「道具屋」「猫と金魚」など爆笑ネタを得意としたが、八代目桂文楽ゆずりのネタも高座に掛けていた。57年、八代目橘家圓蔵を襲名。襲名後は、寄席にも多く出演した。心室細動で死去。住居は江戸川区が管理「ひらい圓蔵邸」として公開されている。

テレビ、ラジオでの活躍はすさまじかった。月の家圓鏡、「うちのセツコ」「よいしょの圓鏡」で売れていた。

寄席に出ている暇も、落語をやる暇もないのではないかと思うとそうでもなく、圓歌(えんか)も三平(さんぺい)も、そして、圓鏡も寄席には出ていた。メディアで売れていても、寄席が落語家の居場所だからだろう。

圓鏡のエピソードとして、高座に万雷の拍手で迎えられて出て第一声、「ちょっと休ませてください」と言って、また、笑いをとった。

圓蔵襲名後、寄席出演も多くなり、ホール落語にも出るようになる。

「うまい落語家、達者な落語はいる。私のめざすのは面白い落語家」と言っていた。

たいていの落語家は面白い落語家をめざしているはずなんだ。古典落語という言葉が独り歩きしはじめた。そして、うまい落語家をめざす落語が増えてきた。そのことへの警鐘か。いや、圓蔵のめざしたのは、ただの面白い落語家じゃない。滅茶苦茶面白い落語家であり、テレビ、ラジオで通用する面白い落語家だ。

得意ネタは「**猫(ねこ)と金魚(きんぎょ)**」「**道具屋(どうぐや)**」。これを10分以内でやる。「**猫と金魚**」はともかく、「**道具屋**」は伏線がいるから、20分くらいは掛かるネタだ。語り口がスピーディなだけではない。伏線の部分では重要なことしか言わないよう構成されている。そして、後半の客とのやり取りでドカンと受けさせて、さっと降りるのが圓蔵流。圓蔵は噺の構成力が凄いのだ。

この一席は「**寝床**」をあげよう。ホール落語に出るようになると、長いネタも必要になってくる。圓蔵は師匠の七代目圓蔵の師匠に当たる八代目桂文楽のもとで修業時代を過ごしているから、文楽のネタのいくつかを譲り受けている。その中の一席に「**寝床**」がある。

義太夫に凝っている商家の主人。だが、その義太夫が下手。下手を通り過ぎて、とんでもないもの。義太夫っていうのは人形浄瑠璃の伴奏音楽だが、江戸から明治の頃、素浄瑠璃といって義太夫だけを聞かせるのが流行した。それらは寄席でも上演され、一般の人でも一節語る人も出て来た。落語でも義太夫が描かれているものは多い。「**寝床**」の主人公は下手な義太夫を聞かせたくて仕方ない。長屋を持っていたので、そこの住人や店の奉公人たちに聞かそうとする。住人や奉公人は、用事や仮病で誰も来ない。主人は激怒する。

今もカラオケなんか下手なのに聞かせたがる会社の上司はいる。心理的にはそれと一緒。義太夫という芸能がそれに拍車を掛ける。

圓蔵は随所に意表をつくクスグリをぶちこみ、ただでさえ面白い落語を爆笑に転化させる。本来は義太夫から逃げたい住人や奉公人たちが悲劇の主人公なんだが、「**寝床**」は主人の視線で語られる。主人は義太夫さえやらなければいい人。住人や奉公人の面倒を見てくれる。困っていたら、お金も貸してくれたりする。だったら、義太夫くらい聞いてくれてもいいじゃないか。ただ聞かせるんじゃない。ご馳走も用意しているんだ。主人の住人や奉公人に裏切られた寂しさ。そこを圓蔵は、住人や奉公人たちの小馬鹿にした態度で、主人公を徹底的に追い込む。

圓蔵は「よいしょの圓鏡」と呼ばれていたくらい気遣いの人。だから、主人の気持ちがわかるのだ。気遣っても、それが届かないもどかしさ。そして、気遣いの辛さも。

圓蔵は弟子たちに言っていた。「お前たちと飯を食うのが楽しい。気遣いしなくていいから」。弟子といる時が心休まる時であり、また、その言葉も弟子たちへの気遣いであった。

Rakugo Master Number 40

二代目 古今亭圓菊(ここんていえんぎく)「鮑(あわび)のし」

昭和3(1928)年4月29日～平成24(2012)年10月13日
静岡県志太郡(現・島田市)出身。島田商業高校卒業後、上京。昭和28年、五代目古今亭志ん生(しんしょう)に入門し、古今亭生次(しょうじ)。32年、二ツ目で、六代目むかし家今松(やいままつ)。41年、真打昇進し、古今亭圓菊。志ん生のネタを多く継承。体を斜めにした独特の形と、圓菊節で人気となる。手話落語などボランティア活動にも従事。多臓器不全で死去。

はじめて圓菊を聞いた時は衝撃的だった。

体をよじって、口調にも独特の節がある。

だいたいが落語というのは、座ってやるものだから、体は動かさない。噺の展開のときに一呼吸置いてから、手で大きくアクションを見せて、「けれども」なんていう落語はなかった。新作だって、そんなことはしない。

圓菊の師匠、五代目古今亭志ん生の映像がいくつか残っているが「**風呂敷**」も「**巌流島**」も、上下も大きく切ることはない。ほとんど体を動かすことなく、抑揚のあるリズムで物語を語っている。

だが、動かしてはいけない、ということでもない。落語には形というルールはあるが、形を破ったからって処罰されるわけではない。それが新しい表現になれば、より面白く伝えられるなら、形を破っても構わない。

圓菊落語は衝撃的に面白かった。

「**鮑のし**」「**たらちね**」「**家見舞**」「**宮戸川**」「**まんじゅうこわい**」なんかがおかしかった。

昭和50年代の中頃から、寄席での人気にあと押しされて、圓菊はホール落語に出るようになり、実力を発揮してゆく。志ん生譲りの「**幾代餅**」「**唐茄子屋政談**」「**鰍沢**」などの大ネタを圓菊節で語ってゆく。志ん生の意表をつくようなクスグリが圓菊のアクションで増幅される。また、「**鰍沢**」のような笑いどころのないネタでも、寒さや、追い詰められた主人公の表情を、他の落語家とは違う形で鮮明に描いていった。

圓菊この一席は「**鮑のし**」をあげよう。寄席で随分聞いた。


甚兵衛とおみつの夫婦の話。甚兵衛はボーッとした頼りない男、女房のおみつはしっかり者、しっかり者というよりは、かなりしたたかな女だ。腹をすかせて帰って来る甚兵衛、「おまんまが食べたい」と言うが、米もなければ買う銭もない。女房の知恵で、甚兵衛は隣家から銭を借り、魚屋で尾頭付の魚を買い、それを大家の家に持って行く。大家の家は若旦那の婚礼で、お祝いのお返しに多めの銭をくれる。それで隣家に借金を返し、残った銭で飯を食おうというのだ。ところが、魚屋に尾頭付はなく、魚屋のすすめで鮑を買い、甚兵衛は大家の家へ行く。まわらぬ舌で、女房に習った祝いの口上を述べるが、大家は「鮑は片貝、磯の鮑の片想いで、婚礼に縁起が悪い」と受け取らず、当然お返しもくれない。

「隅田川に鯨がいる」と言われ本気にして、吾妻橋から半日川を眺めて鯨が上って来るのを待っていた。女房に言われ、大家さんに言われ、腹を減らしながら、あっちこっちを右往左往する、人のいい甚兵衛が面白い。「人のいいのが甚兵衛さん」、落語ではいう。

人がいいってなんだ？　他人に言われたままに行動してしまう、気が小さい人。

圓菊の甚兵衛、手を体の前であわせて、拝むような、おどおどした仕草で、「おまんま」なんて言うから、情けなさが笑いに繋がる。リアルにやったら可哀想、与太郎みたいなら説得力が薄くなる。でも、いい大人なのに、褌しめていなかったりして、かなり情けない。一方で、女房が口うつしで口上を教えてくれると聞いて、別の意味だと思って喜んだりする。

「鮑のし」の甚兵衛、**「家見舞」**の銭のない二人、**「唐茄子屋政談」**の若旦那、落語の主人公によくいる情けない男たちが圓菊節によく合った。

Rakugo Master Number 41

九代目 入船亭扇橋「茄子娘」

昭和6（1931）年5月29日～平成27（2015）年7月10日

東京、青梅の生まれ。飯能高校中退。浪曲師に憧れ、地方の一座に入る。作家の水野春三のすすめで落語家になることにし、昭和32年、三代目桂三木助に入門、桂木久八。36年、三木助の死で、五代目柳家小さん門下に移る。二ツ目となり、柳家さん八。45年、真打昇進で、九代目入船亭扇橋を襲名。50年から、柳家小三治、桂文朝と「三人ばなし」（本牧亭）をはじめる。57年、文化庁芸術祭賞、58年、芸術選奨新人賞。この時代で、老練な口調で演じる落語に定評。三木助譲りの「ねずみ」、小さん譲りの「ろくろ首」などを得意とした。晩年は、高座で子供の歌を歌ったりという芸風で、ほのぼのしたおかしみを聞かせた。呼吸不全で死去。「光石」の俳号を持ち、末広亭のプログラムに俳句が掲載されていた。

「東京やなぎ句会」という文化人の俳句の会があった。メンバーは、俳優の小沢昭一、[注1]加藤武、[注2]タレントの永六輔、[注3]脚本家の大西信行、[注4]演芸評論家の江国滋、[注5]矢野誠一、[注6]芸能研究家の永井啓夫、落語家の桂米朝、柳家小三治。この句会の宗匠が、入船亭扇橋だ。

扇橋は若い頃から俳句を嗜み、俳人の水原秋桜子門下だった。俳号の「光石」は中学生の頃から名乗っていた。新宿・末広亭のプログラムにも俳句を毎回載せていた。

俳句を嗜む、文人のイメージはある。ゆったりとした口調と、噺のマクラにも四季を感じさせる話をさらりと加える。なんとも味わい深いのが扇橋落語である。

ネタは最初の師匠、三代目桂三木助のネタ「**ねずみ**」「**三井の大黒**」といった左甚五郎ものや、「**ざこ八**」「**加賀の千代**」や、三木助亡きあと師事した、五代目柳家小さんのネタ「**ろくろ首**」「**道具屋**」「**二人旅**」、そして、よく稽古に行ったという八代目林家正蔵「**藁人形**」などを得意とした。軽いネタもあるが、わりと深味のある語り聞かせるネタが多い。

筆者が寄席やホール落語で扇橋を聞いた頃は、だいたい50歳頃で、すでに老練な雰囲気があった。八代目正蔵のようなゆったりとした口調で、丁寧な語り。俳句の宗匠が似合う。

「小三治をよろしく」なんていう漫談も聞いたことがある。修業仲間であり、俳句の仲間でもあり、友でもある柳家小三治について20分くらい語る。これはわりと晩年のネタだと思うが、なんと言ってよいのやら、友への不思議な愛が感じられる一席だった。

扇橋この一席は、三木助ネタもいいし、最晩年の歌う「**道具屋**」も捨て難いが、珍しいネタで「**茄子娘**（なすむすめ）」なんていうのがある。

今は扇橋一門がわりとやっているが、他はあんまりやる人がいないと思う。昔は扇橋しかやっていなかった。何故か。あまりに馬鹿馬鹿しいからだ。

東海道は戸塚の近く、鎌倉山の寺の若い住職が、小さな畑、家庭菜園みたいなものをやっていて、茄子を育てていた。ある夏の夜、住職の寝所に女が訪ねて来た。女は茄子の精だという。住職が「菜（さい）にしてやる」と言っていたのを「妻（さい）にしてやる」と勘違いして来たという。古来、人間と動物が関係を結ぶことはない話ではないが、人間と茄子が一夜の契りを結ぶ。これだけでも馬鹿馬鹿しいのだが、扇橋は馬鹿馬鹿しくは演じない。竹林を通う風、麻の蚊帳と、そこに現われる女、情景を巧みに描き、住職と茄子との一夜を幻想的に語る。あたかも夢物語のように。住職は、たとえ夢物語でも、女犯の罪を犯したと、旅に出る。そして、5年の月日が流れ、住職が寺に戻ると、寺は荒れ果てているが、そこに一人の少女がいる。少女は「茄子の子」だと言う。そして、もっとも馬鹿馬鹿しいのがこの落語の落ちだ。

そんな噺を淡々と、ゆっくりした口調で語ってゆく。そういう老練な芸を持つ落語家が出ると、寄席らしい趣が感じられる。

若き日から俳句を嗜み、師匠たちから譲られた落語を老練な語り口で聞かせ、馬鹿馬鹿しいネタも味わい豊かに聞かせる扇橋だが、高校を中退して浪曲師になろうと、巡業の一座に入っていたこともあったという。その頃の、これは、人に言うようなことじゃないヤバいエピソードを、扇橋は自著『噺家渡世』（扇橋著、長井好弘（ながいよしひろ）編）に綴っている。そうとうな美青年、だったようだ。

注1：俳優。映画「痴人の愛」「競輪上人行上記」などに主演。俳優座を経て、芸能座、しゃぼん玉などの劇団を設立。日本の放浪芸の探求にも務めた。昭和4～平成24。
注2：俳優。文学座で活動。映画「金田一幸助シリーズ」の警部役などでおなじみ。舞台では文学座「牡丹灯籠」で圓朝役を演じた。昭和4～平成27。
注3：タレント、作詞家。テレビ創世記に活躍。テレビ、ラジオに多数出演する。坂本九が歌った「上を向いて歩こう」などの作詞でも知られる。昭和8～平成28。
注4：脚本家。テレビドラマ「大岡越前」「御宿かわせみ」などの脚本を担当。正岡容の意志を受け継ぎ、浪曲の脚本も多く執筆している。昭和4～平成28。
注5：演芸評論家、エッセイスト。演芸評論、紀行文などを多く執筆。長女は作家の江國香織。昭和9～平成9。
注6：演芸評論家。「精選落語会」などを企画。演芸の著書多数。昭和10～。

Rakugo Master Number 42

桂歌丸「紙入れ」

昭和11（1936）年8月14日〜平成30（2018）年7月2日。神奈川県横浜の遊女屋に生まれる。父が死に、母が家を出、祖母に育てられる。昭和26年、五代目古今亭今輔に入門し、古今亭今児。29年、二ツ目。一時、今輔から破門され化粧品のセールスマンとなる。その後、許され、兄弟子の桂米丸門下となり、桂米坊を名乗る。39年、桂歌丸と改名。40年、「金曜夜席」（NTV系）、大喜利のレギュラーとなる。番組は「笑点」と変わり、引き続き、歌丸もレギュラーを務め、平成28年の勇退まで52年間、出演する。43年、真打昇進。この頃は新作派で、金語楼作品などを演じていた。49年、横浜・三吉演芸場で独演会をはじめる。この頃より、古典落語を掛けるようになる。やがて、圓朝ネタに挑み、毎年夏の国立演芸場では、「真景累ヶ淵」「牡丹灯籠」などをトリで演じた。平成元年、文化庁芸術祭賞。16年、落語芸術協会会長就任、17年芸術選奨文部科学大臣賞を受賞。18年より「笑点」司会者。19年、旭日小授章、22年、横浜にぎわい座館長に就任。慢性閉塞性肺疾病で死去。

「笑点の歌丸さん」で活躍。一方で、国立演芸場で圓朝作品の「真景累ヶ淵（しんけいかさねがふち）」「牡丹灯籠（ぼたんどうろう）」などの連続口演も行っていた。とくに「真景累ヶ淵」だ。長い噺。岩波文庫で300ページある。旗本深見新左衛門が按摩の宗悦を殺害したことで起こる、新左衛門の二人の息子と宗悦の二人の娘を巡る、因果、因縁の絡み合う物語。六代目三遊亭圓生（さんゆうていえんしょう）や八代目林家正蔵（はやしやしょうぞう）も演じていたが、この二人でさえも、途中の「聖天山（しょうでんやま）」というところくらいまでしか演じていない。

一番多くの落語家に演じられているのは「豊志賀（とよしが）」。新左衛門の次男、新吉と、宗悦の長女、豊志賀、二人はお互いの因縁を知らない。豊志賀は富本節（豊後節系の浄瑠璃。江戸後期に流行。格調高いのが特徴だが、流行期間は短かった。現在でも伝承されている。）の師匠、新吉は深見家瓦解ののち門番に引き取られ、今では煙草屋をやっている。年齢は豊志賀が18歳年上だが、この二人の愛憎ドラマが展開する。

圓朝の人情噺は面白い。面白いけれども、「真景累ヶ淵」はあまりにも長い。おそらく評判がよくて書き足したのかもしれない。ゆえに、後半、だらだらして急に面白くなくなる。だから、圓生も正蔵も演じていなかった。

それを歌丸は、最後の物語のエピローグ「お熊（くま）の懺悔（ざんげ）」を口演した。これは、物語の因果の謎解きとなる場面で、こういうネタを工夫して演じたことは、歌丸の大きな功績と言える。

人情噺と「笑点」だけではない。実は歌丸は若手の頃は新作落語でも活躍していたのだ。最初の師匠はおばあさん落語の五代目古今亭今輔、そして、事情があり移った二度目の師匠が、今輔門下の兄弟子で、当時、新作落語のプリンスと呼ばれていた桂米丸だ。「**きゃいのう**」「**釣りの酒**」(作・有崎勉)、「**姓名判断**」(作・古城一兵)、「**旅行日記**」(作・初代林家正楽) などを演じていた。歌舞伎と釣りが好きな歌丸には、「**きゃいのう**」「**釣りの酒**」なんていう噺も、自分の趣味を語るから面白かった。

歌丸が古典に転じたのは「笑点」のイメージもあったし、やはり古典をやりたかったのだろう。最初の師匠、今輔は新作の他、「**江島屋騒動**」などの圓朝作品も演じていた、歌丸の中に今輔の志を継ぐという想いもあったのかもしれない。

「**おすわどん**」「**いが栗**」「**鍋草履**」などという珍しいネタをよく演じていたが、寄席では「**粗忽長屋**」「**紙入れ**」「**雑俳**」などを演じていた。

歌丸この一席は「**紙入れ**」。寄席で何度か聞いた。間男の噺の傑作だ。

貸し本屋の新吉が世話になっている商家の内儀に呼び出される。ことをはじめようとした時に、帰らないはずの旦那が帰って来た。間一髪、逃げ出した新吉だが、内儀の部屋に紙入れを忘れて来た。中には内儀からの手紙が入っていた。

内儀が色っぽい。いたずらな淫欲さを見せる。だから、新吉の狼狽が際立ち、彼の被害者としての哀れが伝わる。ホントは加害者なんだけれど。

落語は面白ければいい。裁判所じゃないから、誰が被害者でも加害者でもいい。ただ、色男のつもりのマヌケを笑えばいいんだ。そして、女はしたたかで、ワガママな存在でいいんだ。

「笑点」で人気者になる前の歌丸は紆余曲折があり、決して順風満帆ではなかったという。だがそれも長い落語家生活の一幕目で、その後は、「笑点」の歌丸さんであり、人情噺の名人であり、寄席の爆笑落語家だった。

CDは、「朝日名人会ライヴシリーズ55 桂歌丸 8「火焔太鼓・紙入れ」」がソニー・ミュージックから出ている。「**紙入れ**」は、平成18年9月16日に有楽町朝日ホールで行われた第62回朝日名人会のものを収録したもの。

朝日名人会ライヴシリーズ55
「桂歌丸」
8「火焔太鼓・紙入れ」
（素材提供：㈱ソニー・ミュージックダイレクト）

Rakugo Master Number 43+

四代目 三遊亭小圓遊（さんゆうていこえんゆう）「蛇含草（じゃがんそう）」

昭和12（1932）年8月3日～昭和55（1980）年10月5日

群馬県前橋出身だが、育ったのは東京。都立文京高校を中退し、昭和30年、四代目三遊亭圓遊（えんゆう）に入門し、金遊（きんゆう）。33年、二ツ目。39年、ラジオのお天気コーナーにレギュラー出演し、人気者となる。41年、「笑点」（NTV系）、大喜利のレギュラーとなる。43年、真打昇進で、四代目三遊亭小圓遊を襲名。「笑点」では歌丸（うたまる）とのバトルが人気となる。巡業中に倒れ、死去。死因は食道動脈瘤破裂。

歌丸を書いたら、小圓遊を書かないわけにはゆくまい。

子供心に面白かった。歌丸と小圓遊の「笑点」でのバトル。悪口の応酬、お互いに落語家だから、あー言えば、こう言う、やられても黙っていない、倍返しの一言に「やられた」という悔しい顔を見せる。そんなやりとりが面白かった。

歌丸と小圓遊は落語芸術協会の修業仲間、歌丸のほうが少し先輩、でも売れたのは小圓遊のほうが先。ラジオで人気が出た。しかし、二人して「笑点」に出ると、社会派の歌丸と気障の小圓遊というキャラクターで二人とも人気を博した。

ホントは仲良しだったらしい。何せ落語家の修業仲間という絆は深い。仲良しかどうかは当人たちじゃないからわからないけれども、歌丸は下戸で、小圓遊は大酒飲みだったらしい。そんな二人か昭和50年頃、二人で日本酒のコマーシャルに出ていた。国際スターの山村聰[注1]をはさみ、二人でうまそうに飲んでいたけれど、歌丸は形だけだったのか。

もともと、圓遊門下の古典派で、「**崇徳院**」とか「**へっつい幽霊**」が得意ネタ。三代目桂三木助のネタが多い。だが、気障の小圓遊で売れてからは、「ボクちゃん」とか言うキャラクターをお客が期待して、なかなか古典落語が受け入れられ難かったらしい。

いや、「ボクちゃん」とか、「巷では」とか、やっているのが、かなり面白かった。イチゴミルクの出来損ないみたいな顔で、小指を立てて「ボクちゃん」をやるんだから。おかしくないわけがない。落語だから、気障が似合わないのが、ネタになっている。だが、それが当人には苛立ちだったのかもしれない。気障が求められて、古典落語が受け入れられないもどかしさ。

「笑点」で人気のうちは「ボクちゃん」で世の中が落ち着いたら、古典落語を語ればよかったんだ。そうはゆかなかった。芸人は壁に当たるとどうなるのか。大酒飲みの小圓遊は酒を飲んだ。酒癖が悪かったらしく、仲間が一緒に行かない。一人で飲んで、チンピラと喧嘩したりもしていたそうだ。酔って暴言を吐く。チンピラは「笑点」見ていなかったのか。人相の悪い酔っ払いに暴言を吐かれれば手が出る。口喧嘩じゃない。殴り合いだ。また悪いことに、小圓遊は喧嘩が強かったらしい。痛い目をみれば懲りるだろうが、そうでないから繰り返す。

そして、43歳の若さで死んだ。

小圓遊この一席は「**蛇含草**(じゃがんそう)」。これも三代目桂三木助のネタだ。

夏のある日、男が隠居を訪ねる。隠居の家に蛇含草というのがあった。これは大蛇の消化剤だと聞く。隠居は夏の暑いのに火鉢に火をおこしている。何をするのかと思ったら、餅を焼き始めた。餅が好きな男は、ふるまって欲しいと言う。

笑い沢山のネタ。とくに餅を食べる仕草とか。小圓遊も面白く演じていた。餅で曲芸やったり。録音じゃわからないね。やはり見ないと。

ただこの落語は、ラストがブラックだ。なんというか、調子に乗った男におとずれる予想外の悲劇とでも言おうか。まさに酒で溺れて死んだ小圓遊を暗示するような噺だ。

小圓遊という名前が不吉というのもあって、四代の小圓遊のうち三代が圓遊を継がずに亡くなっているのだとか。

注1：俳優。小津安二郎の映画や、テレビドラマのお父さん役で茶の間に親しまれた。「トラ・トラ・トラ！」「ガンホー」などハリウッド映画にも出演。明治43〜平成12。

第5章

上方落語の復興

昭和の上方落語についても少しは触れたいと思う。

関西の演芸界は、昭和になると、吉本興業部が力を持つようになる。

吉本興業部は、明治45年に、吉本泰三[注1]、せい[注2]夫妻の寄席経営にはじまる。せいは寄席経営の才覚があり次々に寄席を買収し事業を拡大、買収した寄席に花月の看板を掲げた。大正11年からは吉本花月派が上方落語を支配下に置く。泰三の死後も、せいと弟、林正之助[注3]が吉本の勢力を拡大、昭和に入ると、漫才やショウに力を注いで、上方の寄席を新しい演芸で席巻させていった。

戦後、上方落語は壊滅の危機を迎える。戦前、戦中から、吉本興業は落語から漫才に軌道転換。加えて、若者は軍隊へ行ったり、軍関係の仕事に就いたりする者が多く、落語家のなり手は少なかった。演芸場は戦火で焼失、昭和26年には孤軍奮闘していた五代目笑福亭松鶴(しょうふくていしょかく)、[注4]四代目桂米團治(かつらよねだんじ)[注5]も亡くなった。

戦後すぐに入門したのが、のちの六代目笑福亭松鶴、桂米朝(べいちょう)、三代目桂春団治(はるだんじ)、五代目桂文枝(ぶんし)である。彼らの奮闘で上方落語は息を吹き返した。彼らはラジオの落語ブームで、関西ローカルの上方落語の知名度を上げてゆき、また、古いネタの復活、復刻にも力を入れた。松鶴、米朝、春団治、文枝が上方落語の戦後四天王と呼ばれる。彼らが上方落語の命脈を現代に繋いだ。

注1：興行師。天満天神裏で寄席を経営、吉本興業を起こす。明治19～大正13。
注2：興行師。吉本泰三の妻。夫亡き後、寄席経営に尽力し、関西の演芸界を傘下とする。山崎豊子の小説「花のれん」に描かれた。明治22～昭和25。
注3：興行師。吉本せいの弟。姉を助け寄席経営に手腕を発揮。吉本興業の社長、会長として活動。明治32～平成3。
注4：落語家。四代目松鶴門下。漫才に力を入れている吉本を離脱。上方落語復興に孤軍奮闘した。息子は六代目松鶴。明治17～昭和25。
注5：落語家、行政書士。三代目米團治門下。吉本から離れ落語家を辞めていたが、五代目松鶴らと復興に尽力。新作落語「代書屋」の作者。明治29～昭和26。

Rakugo Master Number 44

六代目 笑福亭松鶴「高津の富」

大正7（1918）年8月17日～昭和61（1986）年9月5日

大阪市西区の生まれ。父は五代目笑福亭松鶴。若き日は、新町、松島、飛田などで遊ぶ。遊興費は父親の着物を勝手に質に入れたりして調達したという。徴兵検査は不合格となり、その後、父のやっていた落語サークルの「楽語荘」の手伝いや雑誌「上方ばなし」の編集などをするようになる。遅刻した落語家の代演がきっかけで高座を務めるようになり、昭和22年、父に正式に入門し、笑福亭松之助。23年、笑福亭光鶴と改名。28年、四代目笑福亭枝鶴を襲名。32年、上方落語協会設立で、副会長に就任。37年、六代目笑福亭松鶴を襲名。43年、上方落語協会会長に就任。47年、上方落語協会主催の「島之内寄席」をはじめる。48年、関西テレビのドラマ「どてらい男」に出演。56年、紫綬褒章。肺炎で死去。

凄い顔だった。

最初に見たのはテレビだったと思うけれど、あの顔がドバッとテレビに映った。昭和40年代、ナイターが中止になると、上方の演芸番組をやることがあって、そこでよく見た。「**秘伝書**（ひでんしょ）」なんていうのをやっていた。「ただで電車に乗る方法、車掌になれ」とか、そういうヤツ。上方の演芸番組は、漫才やショウが中心。でもたまに落語も出た。

あとはドラマの「どてらい男」（関西テレビ）に出ていた。花登筐（はなとこばこ）[注1]が脚本の、その頃流行っていた人気ドラマ。関西商人が根性でのし上がるコメディタッチの、やたら説教臭いドラマ。主人公の猛やん（西郷輝彦（さいごうてるひこ））が影響を受ける伝説のセールスマン、将軍さんの役。だから、松鶴というと、「将軍さん」というイメージもある。科白が説教臭いんだ。でも、一言一言噛み締める松鶴の口調は花登筐調にあっていた。

豪放なイメージもある。松鶴伝説は、鶴瓶（つるべ）[注2]はじめ一門のほとんどがネタにしている。オウムのエピソードなんか、他の一門や、東京の落語家でもやる人いるが、鶴瓶がやっている「誰や?」っていう言いまわし、あれが松鶴らしい。あの「誰や?」のイントネーションを聞くと懐かしくなる。鶴笑（かくしょう）[注3]がやっている「キンコンカンコーン!」も若い弟子の視線が活きる。弟子たち語り継ぐ松鶴伝説はどこまでがホントかは知らないが、全部ホントに聞こえ、無邪気な信念が伝わって来る。
上方落語絶滅の危機にある戦後に入門、桂米朝らと上方落語を復興させた落語家の一人。入門して3年で、父であり師匠である五代目松鶴が亡くなった。あとは、生き残っている古老を訪ね、稽古をつけてもらい、自分の弟子、他所の弟子の関係なく、それらの噺を伝えた。

若い頃はお茶屋遊びなんかしていたし、酒のしくじりエピソードも山のようにある松鶴だが、芸に関しては真摯だし、上方落語協会会長の任にある時は、島之内寄席をはじめて、若手の研鑽の場を作ることにも奔走していたという。

得意ネタは「**らくだの葬礼**」「**高津の富**」「**貧乏花見**」「**天王寺詣り**」「**三十石**」など。「**吉野狐**」とか「**欲の熊鷹**」なんていう珍しい噺も東京のホール落語で聞いた。どの落語も上方落語らしいネタだ。「**らくだの葬礼**」「**高津の富**」「**貧乏花見**」は東京の「**らくだ**」「**宿屋の富**」「**長屋の花見**」だが、同じストーリーでも違う噺なんだ。貧しさが真剣。東京はまだ、貧しさに遊び心がある。

松鶴この一席は「**高津の富**」がいいだろう。

大川端の宿屋に泊まったみすぼらしい男。身なりはみすぼらしいが、高額の取引で大坂に来た田舎のお大尽だと言う。宿屋の主人は売れ残りの富札を売りつけ、もしも当たったら賞金の半分をもらう約束を取り付ける。客はお大尽なんかじゃなく、高額の取引も嘘。一文なしで、お大尽と言っておけば宿代の催促に来ないだろうとついた嘘。富札の一分（約2万5000円）を取られ、ホントの無一文。翌日、一文なしの男は、富の抽選が行われる高津神社に出掛ける。

「あたたたたたた、あたたたたたたた」、何度も番号を繰り返し見て、確認して、そして、絶叫する場面が圧巻。人生の大逆転。運なんていうのは、案外転がっているかもしれないもの、でも、ホントに転がっていたら、驚くよね。

人間の真理が描けるのは、やはり若い頃のお茶屋遊びが、芸の肥やしになっているのだろうか。

CDは、「ビクター落語 上方篇 六代目 笑福亭松鶴 1 「高津の富・貝野村」」が公益財団法人日本伝統文化振興財団から出ており、「**高津の富**」は、昭和46年11月26日の第66回NHK「上方落語の会」を収録したもの。

注1：脚本家。上方喜劇を隆盛させ、テレビドラマでも活躍。代表作「どてらい男」「細腕繁盛記」など。昭和3～昭和58。
注2：笑福亭鶴瓶　落語家。六代目松鶴門下。タレント、俳優としても活躍。昭和26～。
注3：落語家。六代目松鶴門下。パペット落語で国際的に活躍。昭和35～。

ビクター落語 上方篇「六代目笑福亭松鶴」
1「高津の富・貝野村」
（提供：日本伝統文化振興財団）

Rakugo Master Number 45

三代目 桂米朝（かつらべいちょう）「一文笛（いちもんぶえ）」

大正14（1925）年11月6日〜平成27（2015）年3月19日

中国は大連で生まれる。昭和5年帰国、父の実家の姫路に住む。父親は神職。子供の頃より、落語、浪曲、邦楽に親しむ。大東文化学院進学のため東京へ行き、作家の正岡容（まさおかいるる）に入門する。20年、終戦の半年前に応召されるも病気で入院、姫路で終戦を迎える。復学せず就職するが、正岡のすすめで、落語家になる決意をし、22年、四代目桂米團治（よねだんじ）に入門し、桂米朝。はじめは会社員をしながらの修業をしていたが、26年、米團治の死で落語家として生活する。はじめは寄席にも出ていたが、43年、興行社を辞めフリーとなり、ホール落語を中心に活動する。放送タレント、落語研究家としても活動、松鶴（しょかく）らとネタの発掘にも尽力、上方落語復興の一翼を担った。62年紫綬褒章、平成8年、落語家で二人目の重要無形文化財保持者となる。14年には、文化功労者、21年、文化勲章。肺炎で死去。

米朝には何度かお目に掛かったことがある。

正岡容の三十三回忌と三十七回忌、法要とイベントに、筆者が下働きで手伝いに行っていた。

小沢昭一と米朝が喋っているのを横で聞いていたら、東京の短気な人と、大坂のいらち（上方言葉。あわてもの、せっかちの意味。）の漫才みたいで面白かった。

落語の師匠は四代目桂米團治だが、米朝を落語家に導いたのは、正岡容だ。無頼作家というんじゃないね。ただの作家ではなく、芸能研究家でもあった。正岡門下の大西信行が『正岡容、このふしぎな人』で正岡のことを詳しく書いている。正岡のことを一番端的に書いているのは、五代目柳家つばめの『落語の世界』で「何回も禁酒して何回も破って、家を飛び出して女の子とどっか引っ越しちゃったり、誰かと喧嘩したり仲直りしたりしていたが誰よりも落語を愛した人」。

自身が文士落語家として三代目三遊亭圓馬[注1]の門下で高座に上がったこともある正岡は、存亡の危機にある上方落語の未来を米朝に託したのかもしれない。

米朝はテレビでもよく見たし、落語もいろいろ聞いた。東京のホール落語にもよく出演していた。

「**地獄八景亡者の戯れ**」も聞いたし、「**瘤弁慶**」「**三十石**」「**胴乱の幸助**」に、「**動物園**」

も聞いた。虎の歩き方は米朝がいい。松鶴と手わけし古老から多くのネタを学んだ。

米朝には何本か新作もある。師匠の米團治は「**算段の平兵衛**」「**狸の化け寺**」、そんな噺も貴重だ。師匠の米團治は「**代書屋**」の作者だ。米團治は実際に代書屋をやっていたことがあるそうだ。

米朝この一席は、米朝・作の「**一文笛**」をあげよう。

スリの話。言葉巧みに人をおだてて、一瞬の隙に、ぬきとる業師のスリ。そのスリに兄貴、おそらくこの人も元は泥棒の親分だろうが今は更正して堅気。この兄貴がスリの男に意見する。男は数日前にも兄貴を訪ねたが留守だった。すると兄貴の長屋の駄菓子屋に子供たちが集まっていた。子供たちは菓子を買って食べたり、玩具を買って遊んだりしいる中で、おそらく家が貧乏で何も買えないのであろう、寂しそうにしている男の子がいた。男は可哀想に思い、駄菓子屋で一文笛という安価な笛を盗み、男の子の袂に投げ入れて帰った。「ささ、そのあとや」兄貴は話す。男の子は袂の中に一文笛があった。嬉しかったんだろう。それをピーッと吹いた。駄菓子屋の婆さんは買っていない男の子が一文笛を持っている。盗んだに違いない、と男の子を捕らえて責めた。男の子の父は元武士で、父も男の子の言い訳を聞かず、男の子を怒った。「可哀想に、あの子供は井戸に身を投げたで」。男の子が可哀想なら、何故買ってあげなかったんだ。兄貴に言われ、スリの男は「もうスリはやめる」、匕首で自らの右手の指を切り落とした。男の子は、命はとりとめたが重態。医者に診せようとするが、近所に住む名医は、貧乏人は診ない主義。「兄貴、勘弁してくれ。俺は足を洗うが、最後に一仕事だけしてきた」。スリの男は、医者の懐から財布を掏った。この金であの男の子を診てもらってくれ。

「**一文笛**」は東京でも、むかし家今松、三遊亭圓楽[注2]、林家正蔵[注3]らが演じている。極上の、短い人情噺だ。

古いネタの発掘だけでなく、新作にも目をむけている。馬鹿馬鹿しい新作もいいが、聞かせる新作があってもいい。米朝は他に「**まめだ**」（作・三田純市[注4]）なんかもやっている。

注1：落語家。上方生まれながら、生粋の江戸弁を話し、東京、上方の両方で活躍。八代目桂文楽が芸の薫陶を受けた。明治15～昭和20。
注2：落語家。六代目。五代目圓楽門下。「笑点」（NTV）で人気。昭和25～。
注3：落語家。九代目。初代林家三平の長男。タレント、声優としても活躍していたが、九代目正蔵を襲名し、落語に磨きが掛かった。昭和37～。
注4：演芸作家。松竹新喜劇やテレビドラマの脚本で活躍。落語作品に、「まめだ」「とげぬき地蔵」などがある。大正12～平成6。

Rakugo Master Number 46

三代目 桂春團治「お玉牛」

昭和5（1930）年3月25日～平成28（2016）年1月9日

大阪市内の生まれ。父は二代目桂春團治。浪華商業（現・浪商高校）卒業後、サラリーマンとなる。退社し、家にいたところ、父の巡業に同行し、穴埋めで高座に上がったことで落語家を志し、父に入門する。昭和22年、桂小春の名をもらう。笑福亭松之助（のちの六代目松鶴）、桂あやめ（のちの五代目桂文枝）、桂米朝、三代目桂米之助はほぼ同期で、さまざまな勉強会で共に活動する。25年、二代目桂福團治を襲名。34年、三代目桂春團治を襲名。52年、上方落語協会会長に就任。平成18年、天満天神繁昌亭オープンのおり、記念イベントで、初代桂春團治が乗っていたという赤い人力車に乗り、桂三枝（六代目文枝）が引いて天神筋商店街をパレードした。心不全で死去。

得意ネタは春團治のお家芸「野崎詣り」「代書屋」「いかけ屋」など。羽織の脱ぎ方が独特でカッコよかった。

綺麗な噺の落語家だ。

羽織の脱ぎ方とか。

「野崎詣り」「代書屋」「寄合酒」「いかけ屋」「子ほめ」……、ネタ数は多くはなかったと思うが、どれも洗練されていた。

聞いたのは全部、東京のホール落語でだけれど、**「野崎詣り」**は遊び心ふんだんなんだろう。上方ならではの噺の楽しさはある。

「寄合酒」なんていう、賑やかで軽い噺。上方落語はいつも陽気だ。えげつない噺もたくさんあるが、春團治に限っては少ない。

で、春團治この一席は、**「お玉牛」**。

これは夜這いの噺。春團治の中では決して綺麗な噺ではないかもしれない。

舞台は田舎の村。若い男が寄ると、女の噂だ。お玉という美人がいる。京で奉公していたらしいが、親元に戻っている。噂をしていた男の一人、歩いていたお玉に声を掛けたら傍に来たので、思わず三尺下がって土下座した。煙管の吸い口にお玉の唾が輝いているから、舐めたら甘露の味がした。アホな真似すな。アホどもの下話も、ごく品よく聞かせるが、この噺は夜這いの噺だ。

都会の夜這いの噺が「**口入屋**（くちいれや）」で、田舎の夜這いの噺が「**お玉牛**」。夜中に這って、女性の部屋を訪ねるから夜這いではない。「呼ばう」に「夜這い」の字を当てた。求愛、プロポーズのことを「夜這い」と言った。褌一丁で、四つ這いにならなくてもいいのだが、「夜這い」という字から、そうい形がパターン化していて、成功すればいいのだが、失敗した時、また褌一丁で帰ってゆく情けなさが、面白味でもある。成功失敗、天国と地獄のドラマが夜這いの醍醐味だ。そして、夜這いの失敗でも笑えるのが「**お玉牛**」だ。

男は研ぎ澄まされた鎌を持っている。これを手にお玉に迫った。「うんと言えばそれでよし、否とぬかしたらこの鎌をどて腹におみまいする。うんか、鎌か、うんかまか」。脅されたお玉は、夜に木戸を開けておくと、夜這いの約束をしたというのだ。

話を聞いたお玉の親。「何をさらすねん。あの者らの慰みものになってたまるか」。お玉を父親の部屋に寝かせ、お玉の部屋には牛を寝かしておいた。牛はいい布団に寝られて喜んでいる。

後半が見せ場、色男のなりで、わけのわからん歌を歌いながら来る男。この表現が上方落語の面白味。音曲と舞踊の心得がなければ出来ない。悪い奴なんだ。脅して女をモノにしようとしている。そんな奴でも色男を気取る。そして、暗闇の中、牛の体をまさぐる男の仕草。鳴物も入る。落語で見せる「だんまり」だ。扇子で牛の尾や角を表現して、笑いを取る。

夜這いに行ったら、女がいないで牛がいた、それだけの話。それを見せる技、美意識。主人公は田舎者で、暴力で女を脅してモノにしようという、とんでもない奴。落語はそんな奴にも見どころ、笑いどころを作る。

「野崎詣り」のつまらない遊びに興じる連中も、「**寄合酒**」の若い者たちも、「**代書屋**」のアホも。絵空事の綺麗なアホたちに描かれるのが春團治の落語だ。

CDは、「ビクター落語 上方篇 三代目桂春團治 3「野崎詣り・寄合酒・お玉牛」」が公益財団法人日本伝統文化振興財団から出ており、「**お玉牛**」は、昭和50年9月25日に大阪厚生年金会館中ホールで開催された「第85回NHK上方落語の会」を収録したもの。

ビクター落語 上方篇「三代目桂春團治」

３「野崎詣り・寄合酒・お玉牛」

（提供：日本伝統文化振興財団）

Rakugo Master Number 47

五代目 桂文枝「船弁慶」

昭和5(1930)年4月12日~平成17(2005)年3月12日

大阪天神橋筋の生まれ。大阪市立天王寺商業学校から、神奈川県藤沢市海軍電測学校へ移り終戦。大阪へ戻り、大阪市交通局に就職。勤務の傍ら、日本舞踊を習う。舞踊の師匠でもあった四代目桂文枝に入門し、交通局勤務を続けながら、落語と日舞の修業をする。昭和22年、二代目桂あやめの名前をもらい、23年、交通局を辞めて、落語家となる。師匠方の確執から寄席を追われ、歌舞伎の囃し方になったり、病気療養したりと苦労をするが、29年、桂小文枝となり、以後、落語家として活動する。36年頃、吉本興業に所属。「たちきれ線香」「浮かれの屑より」「船弁慶」など、はめもの入りのネタを得意とし活躍。46年、東京の小文枝ファンによる「東京小文枝の会」発足。文枝襲名以降は「東京文枝の会」として亡くなるまで東京での公演を行っていた。59年、上方落語協会会長に就任。平成2年、文化庁芸術祭賞。4年、五代目桂文枝を襲名。9年紫綬褒章、15年、旭日小授章。三枝(六代目文枝)、きん枝(四代目小文枝)、文珍ら多くの弟子を育てたことでも知られる。

上方言葉で「はんなり」というのがあるそうだ。京都あたりで使われているらしく、上品で落ち着いた、華やかさ、明るさをいうのだという。

文枝の芸は、よく「はんなり」と表現されている。

文枝は上品だ。

筆者は実は「東京文枝の会」の会員だったことがあり（第二期小文枝の会より）、東京公演のお手伝いもしていたし、実は文枝には一本だけだが新作落語も書いている。今回とりあげた昭和の名人でただ一人筆者が新作落語を書いているのが、筆者が決して得意とはしていない上方落語というのが面白い。それは余談だ。

何度もお目に掛かり、一緒に食事をすることもあったので、その上品さ、言葉や仕草の丁寧さは高座だけでなく、生活からにじみ出ているのがよくわかる。

女性の表現がうまい。「**たちきり線香**」「**辻占茶屋**」「**三枚起請**」とか、お茶屋の女性はもとより、「**船弁慶**」のような庶民のおかみさんも、面白くて、可愛らしくて、なんとも言えない。

舞踊や鳴物の修業をしたことが、表現の綺麗さの源泉かもしれないし、実際にさまざまな経験から培われたものかもしれない。

文枝この一席は「**船弁慶**」だ。

夏の話。喜六は居職の職人。女房は留守。一人で仕事をしているところへ友達の清八が訪ねてくる。友達数人に、気のおけない芸者たちで、淀川に船遊びに行こうと誘いに来たのだ。そこへ出掛けていた女房のお松が帰って来る。女房は「雀のお松」「雷のお松」の二つ名がある。お喋りで陽気な大阪の女だが、喜六は女房に頭の上がらない恐妻家。友達と船遊びに行くなどと言ったら怒られる。世慣れた清八、喧嘩の仲裁に行くと嘘を言い、お松を騙して喜六を連れ出す。喜六、清八は淀川へ行き、ドンチャン騒ぎ。赤い褌の喜六と、白い褌の清八、船べりで源平踊り。一方のお松も、友達と夕涼みに淀川へやって来た。

文枝は雀のお松さえも、可愛く演じる。帰ってくるなり、近所の人に、自分がどこへ行って帰りが遅くなったのはこんな理由と、速射砲のほうに喋る。止まらず一気に喋る。大阪の女は喋ってなんぼや。喜六は思わず「くわばら、くわばら」。何せ相手は雷のお松。喜六は恐妻家だが、はしばしに、この騒々しい女への愛しさを、お松は喜六への気遣いも見せる。だから、喧嘩の仲裁に行ったはずの亭主が船の上での源平踊りに、お松の怒りが爆発する。

東京も大阪も夏は暑い。だから、夕涼みに出る。東京なら大川（隅田川）、大阪は淀川になるのか。大阪も水の都、運河とかもあって、川風が心地よかったのだろう。

文枝の「**船弁慶**」は、喜六の家の暑さ、暑い中、こつこつ働く生真面目な喜六、そして暑いんだけれど、川風と酒と陽気な三味線の音で暑さを忘れされる淀川の景色、はめをはずして褌一丁で踊る喜六、近所のおばはんと連れ立ち、団扇片手に歩くお松、それが実にイキイキ描かれる。

「東京文枝の会」で文枝の落語は、紀伊國屋ホールや国立演芸場といった、落語を聞くのにほどよい会場で、「**船弁慶**」などの文枝の魅力を堪能できる噺を聞いてきたが、実は吉本所属の文枝は花月に出て「**動物園**（どうぶつえん）」をやることもあったという。文枝の「**動物園**」は聞き損なった。

ＣＤは、「ビクター落語 上方編 五代目 桂文枝 10「船弁慶・宿屋仇・宿替え」」が公益財団法人日本伝統文化振興財団から出ており、「**船弁慶**」は、小文枝時代の平成3年7月に、大阪厚生年金会館中ホールで開催された「第161回ＮＨＫ上方落語の会」を収録したもの。

ビクター落語 上方篇「五代目桂文枝」
10「船弁慶・宿屋仇・宿替え」
（提供：日本伝統文化振興財団）

Rakugo Master Number 48

二代目 桂枝雀「鷺捕り」

昭和14（1939）年8月13日～平成11（1999）年4月19日

神戸市灘区の生まれ。戦中は鳥取に一家で疎開、戦後、伊丹に住む。弟とコンビでABCラジオの「漫才教室」に出演、落語家を志し、昭和34年、桂米朝に入門。米朝のすすめで神戸大学に入学するが、一年で退学、落語家に専念する。36年、桂小米の名をもらい、本格的に修業する。38年、年季明け後は、笑福亭仁鶴、二代目桂春蝶、桂朝丸（のちの二代目ざこば）らと鎬を削る。鬱病になるが克服し、48年、二代目桂枝雀襲名。この頃より派手な仕草で見せる枝雀落語を確立、客席を爆笑に包み、サンケイホールなどの独演会は満員が続く。54年、朝日放送「枝雀寄席」、58年、芸術選奨新人賞、56年、テレビドラマ「なにわの源蔵事件帳」（NHK）、映画「ドグラマグラ」に主演、57年、毎日放送「笑いころげてたっぷり枝雀」は東京でも放送された。59年、東京の歌舞伎座で独演会。枝雀人気は全国的なものとなり、CDもおおいに売れた。平成9年、独演会で鬱病再発を告白。自宅で自殺を図り、意識不明のまま心不全で死去。

昭和56年頃、東京でも枝雀の番組が放送されていた。ゲストとの対談に、枝雀の落語の一時間番組。あとにも前にも、落語を前面にして作られたレギュラー番組なんてなかった。落語を前面、違う、枝雀という落語家の番組だ。それが出来た唯一の落語家が桂枝雀だった。

オーバーなアクション、体全体で表現する落語。一席語るのに、この人はどれだけ力を使うのか。

フレーズも面白い。「**代書屋**（だいしょや）」の「せーねんがっぴーっ」、「**上燗屋**（じょうかんや）」の「すびませんね」、「すびませんね」の繰り返しには笑わずにはいられない。

坊主頭に、独特の目で語り掛ける風貌、キャラクターが立っている。女性ファンからは「カワイイ」と声が掛かる。

枝雀この一席は「**鷺捕り**（さぎとり）」。

鷺を捕まえて儲けようと思うアホ。なんだろうね。鷺の前は雀だ。このエピソードは東京の落語の与太郎噺にも出て来る。味醂に漬けた米を撒いて、雀がついばむと雀が酔って寝てしまう。そこを箒とチリトリで捕まえる。枝雀の雀捕りは雀たちが味醂漬けの米に警戒し会話する。これが妙でおかしい。そのうちに江戸っ子の雀が飛んできて威勢よくついばみ、関東者に負けてなるかと大阪の雀もついばむ。馬鹿馬鹿しいったらない。次に鷺を捕まえる、そのやり方が枝雀独特。鷺を呼ぶ。「さーぎー」、だんだん近づきながら声を小さくして、鷺のすぐ後でほぼ無声で「……」。口形「さぎ」、丸い顔を思いっ切り「さぎ」の口形で見せる。で、鷺が人間は遠くへ行ってしまった、と思っているところを捕まえる。アホの話に呆れた甚兵衛（上方落語ではものの識りで世話好き）は、北野の円頓寺の池に鷺がいっぱいいいると教える。アホは出掛ける。アホは池で眠っている鷺を捕らえて帯にはさむ。

　ここからがまた、枝雀の独断場。朝になり、帯にはさんだ鷺が目を覚ます。首を帯でしめられている鷺の演技が、もう、たまらない。動けない、どうしたんだ、それを表情で見せる。帯にはさまれながら、鷺たちが会話しながら、人間に捕らわれたという状況を少しずつ把握してゆく。

　やがて、鷺たちははばたき、アホも空中へ。大阪の空を飛び、雲間に見えた黒い棒にしがみつき、鷺たちを帯から放つ。ここはどこ？　四天王寺ということはわかるが肝心の五重塔が見えない。アホは五重塔の上にいた。夜が明け、街のひとたちも騒ぎ出す。天王寺の僧たちがアホを助けるミッションを開始する。

　アホやら鷺やらを使い分けて演じる枝雀が圧巻。

何も「**鷺捕り**」だけじゃない。「**くしゃみ講釈**」「**延陽伯**」「**まんじゅうこわい**」「**青菜**」「**皿屋敷**」、新作で「**雨乞い源兵衛**」「**幽霊の辻**」（作・小佐田定雄[注1]）なんかもある。

どんな時も枝雀ワールドは枝雀一人のエンターテインメント。面白くて、面白くて、ただただ面白い。いま、CDを聞いていても、仕草や表情を思い出し、泣きたくなるくらい面白い。その面白さを構築するのが、どれだけ大変だったのか。

枝雀の死は突然やって来た。まさかという死に方には、ただただ言葉がなかった。

小学館発行の『小学館DVD BOOK 桂枝雀名演集 4「鷺とり・崇徳院」』で、「**鷺捕り**」のアクションを見ることが出来る。

注1：落語作家。主に桂枝雀に落語台本を書く。代表作「貧乏神」「幽霊の辻」「雨乞い源兵衛」など。最近では、歌舞伎、文楽、浪曲の台本も手掛ける。昭和27〜。

小学館 DVD BOOK「桂枝雀名演集」
4「鷺とり・崇徳院」
（発売：小学館）

第6章

おしまれつつ死んだ昭和からの名人

昭和50年代の落語界最大の出来事と言えば、53年の落語協会分裂騒動だ。

昭和30年代～40年代、昭和の名人たちに憧れて落語家に入門する若者が多くいた。

それまでは真打昇進は、年に一人か二人でよかった。しかし、そんなことをしていたら、20年以上経っても真打になれない人が大勢出る状況になる。昭和48年、当時の落語協会会長、五代目柳家小さんは10人真打昇進を2回行い、20人の真打を作った。これに芸至上主義者の六代目三遊亭圓生が異を唱えた。そして、53年に、圓生一門、古今亭志ん朝、七代目橘家圓蔵、[注1]月の家圓鏡（のちの八代目圓蔵）らが落語協会を脱退、三遊協会を旗揚げした。

ちなみに、この時真打になった20人、芸がまずくて真打になれなかったわけではない。のちに落語協会会長となる、現最高顧問の鈴々舎馬風、「ガーコン」で寄席の爆笑王の川柳川柳、大名跡を襲名した九代目桂文楽、「笑点」の人気者、林家木久扇らがいるのだ。

分裂騒動は寄席が三遊協会の出演を認めなかったため、志ん朝らは協会に戻り、翌年、圓生の死で三遊協会は解散、五代目圓楽一門以外の、圓窓、圓弥、圓丈らは協会に戻った。これが落語協会分裂騒動である。

昭和58年には、立川談志が師匠の小さんと袂を別ち、落語協会を脱退し、立川流を旗揚げした。これもきっかけは、弟子の真打問題である。戦後の分裂の要因に真打問題は大きい。

東京の落語界は、落語協会、落語芸術協会、五代目圓楽一門会、立川流の4派となり現在に至っている。

分裂騒動以前は、寄席は落語家の修業の場であり、生活の基盤だった。もちろん、地方公演やホール落語、お座敷が糧ではあるのだが、寄席あっての落語家であった。

だが、これ以降、五代目圓楽一門会、立川流では、寄席で修業をしていない落語家も登場、活躍してゆく。平成になり、立川志の輔（しのすけ）、談春（だんしゅん）、志らく、談笑（だんしょう）、三遊亭兼好（けんこう）、萬橘（まんきつ）ら人気者も多く登場している。

昭和の落語界の流れはおおよそ、こんなところである。

さて、昭和の頃から期待を集め、10年後20年後の名人と言われながら、平成にこの世を去ってしまった落語家がいた。もしかしたら、平成、令和の名人だった。彼らは寄席にこだわり、寄席に生きた。そのうちの二人を紹介しよう。

落語はいろんな意味で変貌するかもしれないけれど、寄席に生きた昭和の名人の志を受け継ぐ落語家はまだまだ登場するであろう。

注1：落語家。八代目桂文楽門下。「締め込み」「紙屑屋」「六郷の煙草」などを演じた。弟子に初代三平、八代目圓蔵らがいる。明治35～昭和55。

Rakugo Master Number 49+

古今亭右朝（ここんていうちょう）「権助魚（ごんすけざかな）」

昭和23（1948）年11月2日〜平成13（2001）年4月29日

東京国分寺市の生まれ。昭和46年、日本大学芸術学部卒業。放送作家ののち、橘右近（たちばなうこん）に入門し、寄席文字師となり、橘右朝（うちょう）。50年、三代目古今亭志ん朝（ここんていしちょう）に入門し、古今亭志ん八（しぱち）。55年、二ツ目。63年、真打昇進で、古今亭右朝。「NHK新人落語賞」はじめ、若手落語家の賞を総なめにし、「こぶ平・右朝二人会」「右朝・正朝の二朝会」などを開催。平成12年、声が出なくなる奇病になり、肺癌で死去。

右朝は筆者の大学の先輩に当たる。と言っても一まわり年上だから、直接キャンパスで知り合った先輩ではないけれど、学生の頃から知っている。ちょうど筆者が大学に入った頃に、右朝は二ツ目になった（当時は、志ん八）。

ミスター落語みたいな人だった。普段が江戸口調で佇まいが粋だった。普段から着物でいることも多かった。その頃だと、落語家は、高座以外は洋服だったが、ある程度パフォーマンス的に古典落語家を演出していたのかもしれない。だが、そうした佇まいは一朝一夕に出来るものではないので、古典落語が好き過ぎて、その世界に生きた人だったのだろう。

右朝は大学を出てすぐに落語家になったわけではなく、いろんな仕事をしていたようだ。何故すぐに落語家にならなかったのか、当人に聞いたわけじゃないから、正確な理由は知らない。ただ、共通の知り合いの何人かから聞いた話だと、落語以外にも才能が豊富な人だったらしい。ギターの達人で、文芸学科をかなり優秀な成績で卒業、大手出版社なんかにも就職が決まっていたらしい。作家になって大成していたかもしれないが、それらを蹴って、学生時代からやっていたラジオ番組の放送作家をしばらくやり、寄席文字師を経て、落語家になった。

たぶん、落語が好き過ぎるあまり、落語の世界に素直に飛び込んでゆくことをためらったのかもしれない。とは言え出版社のようなところに就職することはなく、落語のまわりには居る道を選んだ。当人に聞いたわけではないから、確かなことはわからない。

右朝は二ツ目になってすぐに、寄席の深いところ（後半）に出演していた。嘱望されていたというのもあるが、一つにはギターの腕を買われてというのもあった。落語家がギターの腕を買われて抜擢されるというのが面白い。

「**ガーコン**」という軍歌を歌いまくるネタでおなじみの川柳川柳がトリの時、大喜利で、川柳のマンドリンと右朝のギターで古賀メロディのオンパレードをやっていたのだ。哀愁のある歌をいろいろ聞かせ、最後は「丘を越えて」で盛り上がる、途中にも川柳と右朝の懐メロトークもあって、年配の客にはノスタルジックで大受けだった。だから、川柳がトリの時、右朝は食いつき（中入りのすぐあと）に上がっていた。

林家正楽や立川談之助らとバンドを組んでいたこともある。小遊三や昇太がデキシーをやるはるか昔で、本牧亭でライブをやったのを見に行ったこともあったっけ。なんで落語家のバンドは寄席でライブをやりたがるか。

当時あった『落語』とか『落語界』とかいう雑誌で、立川談志や古今亭志ん朝も「将来の名人」と右朝を評した。志ん朝にとっては、右朝は弟子だからあからさまには褒めないが、談志が褒めるのを否定もしていない。

右朝はネタ数も多かった。何が得意だったのかわからないくらい、いろんなネタを掛けていた。勉強会もたくさんやっていて、「**百年目**（ひゃくねんめ）」や「**子別れ**（こわかれ）」なんかも聞いた。寄席にもよく出て、それこそ食いつきみたいな場所で、「**親子酒**（おやこざけ）」「**半分あか**（はんぶんあか）」「**寄合酒**（よりあいざけ）」なんていう噺をサラっと面白く聞かせていた。どれもこれも澱みのない快適な口調で、楷書の志ん朝のような雰囲気もありながら、噺にいたずら心も満載で面白さを忘れていないんだ。

右朝この一席、何がいいだろう。迷うね。軽くて爆笑だったのが「**権助魚**（ごんすけざかな）」だ。

内儀が旦那の浮気を疑い、権助を供につける。旦那は権助に金を渡し、知り合いと会って隅田川で夜釣りをし、そのまま知り合いと湯河原へ行ったと嘘を言うよう命じる。内儀は疑ぐり深いから夜釣りの証拠に魚を買ってゆくようにと言うが、山育ちの権助は魚を知らない。ニシン、スケトウダラ、ついには蛸や、蒲鉾まで買ってゆく。

何が面白いのか。買った海の魚や、加工品を、さも川で釣ったかのように、テンポよく語る権助。もう嘘はわかっている。わかっていても、ニシンやスケトウダラが北海道をグルっとまわって太平洋から隅田川をのぼって来たとか。落語っていうのはたぶん、馬鹿馬鹿しいことを真面目に語るから、おかしいんだ。

右朝は酒癖が悪かったそうだ。何度か一緒にお酒を飲んでいるが、筆者は一度も絡まれたことはない。一度だけ、ある年輩の落語関係者を怒鳴りつけていたことがあった。皆が一目置く人だったけれど、実は筆者も怒鳴りつけてやりたいと何度も思っていた人だったから、まぁ、しょうがない。おためごかしや理不尽を許さないところもあった。その落語関係者も令和2年に亡くなった。

筆者は「落語評論家になって、落語のために働け」とは言われた。落語のことを何よりも大事に考えていたのが右朝だった。

「古典落語を語ってゆきたい。時代が変わって、古典落語が世の中から忘れ去られた時に、国分寺のほうに古典落語を語ることが出来るお爺さんがいるらしい、と文化庁の調査団に発見されるのが夢だ」なんて言っていた。

古典落語が変容するのを憂いていたのかもしれないし、普遍的な古典落語は決して変わることはないと信じていたのかもしれない。宇都宮の落語作家、清水一朗（しみずいちろう）の本のあとがきに、学生時代の右朝と落語について議論したことが思い出として綴られていた。落語に対する信念は30年変わっていなかった。信念を貫く古典落語の名人としての、60代、70代の右朝を見てみたかった。

右朝のお通夜には行った。筆者の一人前の焼香が川柳で、号泣していた。それを関係者席で、鎮痛な眼差しでじっと、志ん朝が見ていた。志ん朝が亡くなったのは、その年の秋だった。

ＣＤは、「古今亭右朝２「妾馬・粗忽の釘・権助魚 他」」がキントトレコードから出ている。「**粗忽の釘**」は、昭和63年5月21日に放送されたビアホール名人会を収録したもの。

「古今亭右朝」
２「妾馬・粗忽の釘・権助魚　他」
（提供：キントトレコード）

Rakugo Master Number 50+

柳家喜多八「粗忽の釘」

昭和24（1949）年10月14日～平成28（2016）年5月17日

東京練馬区出身。学習院大学卒業。昭和52年、十代目柳家小三治に入門し、柳家小より。56年、二ツ目で、柳家小八。平成5年、真打昇進で、柳家喜多八。三遊亭歌武蔵、柳家喬太郎との「落語教育委員会」で人気。癌で死去。

「虚弱体質」とか「立っているのがやっと」とか、キャッチフレーズに使っていた。実際、晩年は苦しい中、高座を務めていたが、五十代くらいまでは、見た目と違いすこぶる元気だった。

何せ、鈴本演芸場の喜多八がトリの寄席が終わった帰り道、上野広小路の交差点の手前で、自転車に乗った喜多八が追い越して行ったことがあった。早っ。何をそんなに急いでいるのか。というか、自転車で寄席に通っていたんだ。

落語家には時として、高座と私生活のギャップを面白がる人もいる。喜多八の師匠の小三治がそうかもしれない。人間国宝の古典落語の名手、趣味は俳句、いかにも江戸の世界に生きているように見えて、俳句以外の趣味がボーリングにスキー。ボーリングはマイボールを持ち、スキーは一門を率いてスイスに滑りに行く。若手の頃は大型のオートバイで寄席に通い、洋楽の歌も好きで、鈴本演芸場でコンサートも開いている。ただ、小三治は案外、そうした面をメディアに見せたりもしていた。

喜多八も時として、三遊亭歌武蔵や柳家喬太郎とコントをやったり、宝塚の真似をして女装して歌ったり、ワザオギのＣＤでハードボイルドを気取って見せたりもしている。虚弱体質のイメージがあるからこそ、ギャップが笑えるんだけれど、落語家の面白さっていうのは、多面的な顔を持つというところにあるのかもしれない。

喜多八は若い頃から滋味に古典落語を語り、渋さが高い評価を得、未来の名人のように言われていた。まだ、小八といっていた二ツ目の頃、右朝らと勉強会をやっていた。「**花見の仇討ち**」とか聞いた。旨み成分にじみ出ているような芸だった。

「**花見の仇討ち**」は花見で賑わっている飛鳥山で、仇討ちパフォーマンスをやって盛り上がろうという男たちの話。江戸の戯作者、瀧亭鯉丈の作で、もともとの題は「花暦八笑人」。鯉丈自身が仲間たちと、歌舞伎もどきのパフォーマンスを演じて遊んでいた。陽気で賑やかな噺なんだけれど、喜多八の語り口は陽気でワーワーではないんだ。花見の風景の中、登場人物は男ばかりなのに、エロスが漂う趣がある。おもしろいことをやろうとして、しくじる。それが馬鹿馬鹿しさを超えた、やるせなさに通じるからかもしれない。

それは「**五人廻し**」の遊女に相手にされない、可哀想な男たちにも通じる。女にふられた男たちの愚痴を、落語は馬鹿馬鹿しく聞かせるはずが、言葉が馬鹿馬鹿し過ぎて、やるせなくなる。

晩年よく寄席で聞いたのは、「**たけのこ**」とか「**やかんなめ**」「**鈴が森**」。

「**たけのこ**」は不思議な噺だ。登場人物は、微禄の旗本であろう武士と下僕。屋敷の庭に、隣家の竹薮から、筍が地中を通って顔を出した。自分の家の庭から顔を出したのだから、掘って食べちゃっても問題はないのか。一応、断わりを入れるのが仁義だろうと、下僕に口上を教えて使いに出す。老武士と隣家の武士との頓才な洒落のやりとり。たけのこを食べたい、食べるについては、隣家の者を頓知でやりこめて気分よく食べよう、なんかわけわかんない暇な老武士の意地、というか乙な楽しみ。おそらく「やかんなめ」の禿げた老武士と同一人物だろう。そして、遊び心は「花見の仇討ち」にも通じる。そう。喜多八落語には、やるせなさに加えて遊び心が満ちている。

喜多八この一席は「**粗忽の釘**」。粗忽（そそっかしい）者の男が引越しをする珍騒動。

箒を掛けるため釘を打ってくれと女房に言われて、八寸の瓦釘を打って壁をぶちぬいてしまう。隣家に謝りにいくが、なにせ粗忽者。謝りに行ったついでに夫婦のなれそめを語りはじめる。

流石にこの噺にはやるせなさはない。心底馬鹿馬鹿しい。夫婦の惚気話はもともとエロスもあったりする。そこにあるのは遊び心だ。落語っていうのが遊びの集大成。それがわかっている喜多八がぼそぼそっと語る夫婦の惚気話がおかしいったらない。ひとしきり惚気て「では、さようなら」「おい、あの人何しに来たんだ」。客も隣の人に同化している。すっかり、縁日で都腰巻を買って女房を口説いた話に聞き入っていたのだ。「すみません、実は」。戻って来て釘の話をする。「たいへんな人が隣に引っ越して来た」。客席はすっかり隣の人に共感してしまう。

二ツ目時代はうまかったけれど、そんなに花はなかったかもしれない。でも、大成する源泉をもっていて、真打になる頃から、それがドバッと湧き出した。秘めた遊び心が開花したのだ。寄席だけでなく、前出の三遊亭歌武蔵、柳家喬太郎との「落語教育委員会」で人気を得た。

元気なのに病気のふりをするのも、今にして思えば、喜多八の遊び心。虚弱なやるせなさを散々見せて、客席があら可哀想にと思った落語家が、老武士や粗忽者や与太郎をイキイキ語る面白さ。

平成の名人は、いろんな遊び心で客席を夢心地にさせてくれていたんだ。その喜多八も晩年は病に苦しみつつ、60代で亡くなった。柳家の形の継承者であり、一方で「**たけのこ**」「**鈴が森**」なんていう噺をやるから、多くの若手が喜多八のところに稽古に通った。奥行きがあって遊び心のある、時にエロスを感じさせる喜多八の後継者も、近いうちにきっと登場するであろう。

おすすめのＣＤは、落語専門レーベル「ワザオギ」から出ている「柳家喜多八２「五人廻し・粗忽の釘」」。

「柳家喜多八」
2「五人廻し・粗忽の釘」
（提供：落語専門レーベル「ワザオギ」）

あとがき

「団菊爺」って言葉があって、歌舞伎で昭和のはじめ頃、明治時代に活躍した九代目市川団十郎や六代目尾上菊五郎ばかりを褒め、彼らを見ていることを自慢する老人たちのことを言った。彼らの言うことはいつも同じで、「昔はよかった。それに比べて今の奴らはなってない」となる。落語でも、志ん生・文楽・圓生ら昭和の名人ばかりをありがたがる人が多くいて、若い人たちから「団菊爺にも困ったものだ」と言われている。

筆者が師匠の永井啓夫によく言われたのは、永井啓夫が若い頃、志ん生や文楽を褒めると決まって先輩から「三代目小さんや四代目圓喬にくらべたら、志ん生や文楽なんて駄目だ」と言われたそうな。単純にそういうことは繰り返す。

いい悪いなんて聞く側の感性でも変わってくる。団菊爺は、私を含めて迷惑な存在だが、ただ、前文でも書いた通り、落語の世界観を肌で知っている名人たちの芸が、現代ではＣＤやネットで聞けるんだから、そら、聞いておくと、今の落語を聞く上でも、役立つことはあまたあると思うんだ。

落語を聞いて約五十年、落語と仕事で関わって35年くらいになる。

今回取り上げた昭和の名人のうち、没後、レコード、ＣＤなどで聞いただけの落語家は13人、テレビで見ただけの落語家は4人、実際に高座を聞いた落語家は20人、ちょっとでも話したことがある落語家は5人、雑誌などでインタビューをしたことがある落語家は5人、一緒にお酒を飲んだことのある落語家は2人、新作落語を書いた落語家は1人。

名人たちの落語を聞いたことが、今の筆者の血肉になっていることは確かだし、心が折れそうな時は、好きなＣＤを聞いてホッとしたりもしている。

２００６年の教育評論社『食べる落語』にはじまり、今回の『昭和の名人』で書籍30冊目となった（共著6冊、編著1冊含む）。

今回も刊行にあたり、教育評論社、久保木さんにご尽力を賜りました。また、ジャケ写など使わしていただきましたレコード会社各社の皆様にも感謝。

そして、読んでいただきました皆様、ありがとうございます。

令和三年五月

稲田和浩

協力

エニー
キントトレコード
ソニー・ミュージックダイレクト
談志役場
日本コロムビア
日本伝統文化振興財団
風樂
落語専門レーベル「ワザオギ」

（50音順）

稲田 和浩［いなだ かずひろ］
1960年東京出身。作家、脚本家、日本脚本家連盟演芸部副部長、文京学院大学講師（芸術学）。落語、講談、浪曲などの脚本、喜劇の脚本・演出、新内、長唄、琵琶などの作詞、小説などを手掛ける。
主な著書に『落語からわかる江戸の食』『落語からわかる江戸の死』『落語からわかる江戸の恋』『落語からわかる江戸の旅』『はたらく落語』（教育評論社）、『浪曲論』（彩流社）、『にっぽん芸能史』（映人社）、『落語に学ぶ大人の極意』『水滸伝に学ぶ組織のオキテ』（平凡社新書）、『そんな夢をあともう少し―千住のおひろ花便り』（祥伝社文庫）など。

昭和の名人 この一席

2021年6月22日　初版第1刷発行

著　者　稲田和浩
発行者　阿部黄瀬
発行所　株式会社 教育評論社
〒103-0001
東京都中央区日本橋小伝馬町1-5 PMO日本橋江戸通
TEL 03-3664-5851
FAX 03-3664-5816
http://www.kyohyo.co.jp
印刷製本　萩原印刷株式会社

ISBN 978-4-86624-043-5　C0076